Libera Estrés y Ansiedad

Vive renovado y feliz

Vero Gutiérrez

Copyright ©2021 by Vero Gutiérrez

Todos los derechos reservados.

Ninguna parte de este libro podrá ser reproducida, transmitida o distribuida de ninguna forma y por ningún motivo, incluyendo fotocopiado, audiograbado u otros métodos electrónicos o mecánicos, sin la autorización previa del autor; excepto para el uso de pequeñas reseñas y ciertos otros usos no comerciales permitidos por la ley Copyright Act of 1976.

Título: *Libera Estrés y Ansiedad*

Sub-título: *Vive renovado y feliz*

ISBN # 978-17362871-87

Primera Edición

Impreso en USA

Para cualquier solicitud, escribe a:

Email: **contacto@verogutierrez.com**

Sitio Web: www.verogutierrez.com

WhatsApp +1 (801) 835-0385

Telegram +1 (801) 835-0385

Facebook **www.facebook.com/verogutierrezoficial**

Instagram **www.instagram.com/verogutierrezoficial**

LinkedIn **www.linkedin.com/@verogutierrezoficial**

Canal de YouTube: Vero Gutiérrez

Acerca de la Autora

Vero Gutiérrez

(Carácuaro de Morelos, Michoacán-México)

Es Coach de Salud Emocional y Escritora, con más de cuatro años de experiencia guiando a personas hacia la sanación interior y la liberación de sus emociones.

Su pasión por la espiritualidad y amor por la naturaleza se reflejan en sus libros y programas. Vero es experta en ayudar a las personas a cerrar ciclos, soltar el estrés y la ansiedad, aumentar su amor propio, crear abundancia y prosperidad, sanar la relación con Papá y Mamá, superar las heridas del aborto, la infidelidad o cualquier situación traumática del pasado.

Vero Gutiérrez imparte formaciones online y presenciales sobre distintos temas que apoyan el crecimiento personal, cumpliendo así con su propósito de vida.

Agradecimientos

Agradezco infinitamente a mi Alma por elegir como misión de vida el guiar e inspirar a miles de personas a sanar su interior y vivir felices.

A mi mamá, Isidra Trujillo, y a mi papá, Irineo Gutiérrez, gracias por permitirme nacer a través de ustedes y por las enseñanzas que me dieron. Hoy sé que son los padres perfectos, me ayudaron a experimentar todo lo que mi Alma requería vivir para ser hoy la Mujer que soy. Los amo y los bendigo con amor.

Gracias a mi esposo, Emmanuel Galván por darme su apoyo incondicional y la libertad de ser yo misma en todo momento.

También, doy gracias a mis adorables hijas, Allison y Kassandra, gracias por elegirme como mamá. Ustedes complementan mi vida con alegría y felicidad. Las amo y siempre las amaré.

Estoy eternamente agradecida con mi hermano Silvestre, su esposa Alejandra y sus dos hijas Grecia y Dianne, quienes me apoyaron incondicionalmente para poder salir el abuso sexual y el maltrato mental y psicológico que viví durante mucho tiempo.

Quiero dar gracias a mi familia del Alma, que ha puesto su granito de arena para que este libro se publique y llegue a mis lectores. Gracias infinitas por creer en mí, en mi sueño y mi deseo de publicar este libro. Gracias por su contribución.

A mis hermanos a quienes quiero: Domingo, Silvestre y Luis. También, a mis amistades que son parte de mi vida, Rita Salgado, Auria González, Guadalupe Arenas, Alberto Ruiz, Carolina Martínez y Jorge Lozano, Brenda Mendoza, Yureli Gómez, Mariemma Torrez, Adriana Cárdenas, Carmen Pérez y Ana Karen Salazar.

A Bertha Espinoza, quien ha sido una de mis mentoras durante los últimos 6 años. Gracias por ser parte importante de mi vida, por tu amistad, por ayudarme a sanar y sacar mi mejor versión.

Gracias infinitas a Maite Ramos, mi asistente personal, por apoyarme en mi negocio y profesión.

A ti, que me lees a través de este libro, gracias por existir y por permitirme compartir contigo este espacio de evolución.

Contenido

Presentación 7

1. Amor Propio 11
2. Gimnasia Para el Espíritu 27
3. La Salud Emocional 40
4. MiPropia Autosanación 52
5. La Valentía de Aceptar 68
6. Cree en Ti 81
7. Busca Tu Verdad 91
8. Libera El Estrés En 3 Pasos 104
9. Hábitos Para Liberar La Ansiedad 111
10. Guía Básica Para Aprender A Meditar 118

Despedida 129

Presentación

A lo largo de la historia, los seres humanos nos hemos hecho una y otra vez las mismas preguntas: ¿quién soy? ¿de dónde vengo? ¿cuál es mi propósito? ¿a qué vine? ¿cuál es mi misión?

Queremos información que nos permita recordar nuestra verdadera identidad. La buena noticia es que no necesitamos buscar lejos: todo lo que deseamos saber acerca de quiénes somos está guardado en nuestro interior, solo que lo olvidamos al momento de encarnar en este cuerpo físico, porque así fue planeado.

Muchas personas no logran aceptar que sus creencias, patrones de conducta y emociones reprimidas les impiden alcanzar la felicidad; viven como *zombies*, caminando inconscientemente, atropellándose y haciéndose daño unos a otros; piensan que sus vidas están bien, pero en el fondo no obtienen los resultados que desean. La mayoría de las personas tenemos heridas invisibles, internas, y las sentimos cuando alguien dice o hace algo que nos ofende; es entonces cuando sufrimos por el dolor que se oculta en nuestro interior.

Hay quienes crecen con eso y nunca se toman el *tiempo* para sanar interiormente; viven toda su vida, siendo infelices, permitiendo que las acciones de otros les arruinen su felicidad y tranquilidad.

Afortunadamente, cada vez son más las personas que empiezan a darse cuenta de que es necesario sanar esas heridas. Así me ocurrió hace años.

Está ocurriendo un despertar de la consciencia; estamos recordando quienes somos: **seres espirituales encarnados en un cuerpo físico**; es ahí donde surge la magia y empezamos a crear milagros en nuestra vida.

Cuando una persona comienza a despertar, mantiene la coherencia entre lo que piensa, los que siente, lo que dice y lo que hace. Cuando estos cuatro aspectos entran en concordancia, su vida se empieza a transformar en distintas áreas.

El deseo más profundo de mi corazón es que quienes lean este libro y pongan en práctica su contenido, puedan mejorar su vida, haciéndola más feliz y placentera.

He pedido Guía y Asistencia Divina para que cada una de las palabras aquí escritas no surjan de mi mente, sino de lo más profundo de mi ser.

Lo que estás a punto de leer es la Sabiduría Divina hablando a través de mí; yo soy solo la mensajera, y nada más.

Para poder comprender todo este conocimiento, te pido que mantengas abiertos la mente y el corazón.

Este libro que hoy tienes en tus manos es un *acuerdo de almas* cumplido: mi alma planeó que yo lo escribiría para ayudarte a despertar, y aquí estoy; tu alma planeó que tú lo leerías, y aquí estás.

Desde lo más profundo de mi corazón, te bendigo con amor, Alma Divina que me estás leyendo; tú y yo somos una sola energía, tú y yo somos parte del todo, tú y yo somos Uno con Dios.

Deseo que cada palabra que leas te ayude a evolucionar, a recordar quien eres, a perdonar, a ser más amable, amoroso y compasivo contigo, para que luego puedas serlo con los demás.

Te bendigo con amor...

Vero Gutiérrez

1.
Amor Propio

La sabiduría que buscas afuera, está dentro de ti. ¡Descúbrela!

Vero Gutiérrez

Escuchando Tu voz Interior

Los seres humanos nos sentimos desconectados de Dios; sin embargo, esto no es más que una ilusión, producto de nuestras falsas creencias. La verdad es que nunca perdemos la conexión con nuestro Creador, con la Esencia Divina; simplemente, no la recordamos, porque la olvidamos al nacer. Así lo planeó nuestra alma.

Imagina que guardaste un millón de dólares en el rincón más escondido de tu guardarropa, pero tú no recuerdas que están ahí, y mientras tanto estás muriendo de hambre, sufriendo escasez y carencias de todo tipo...

Lo mismo ocurre con la consciencia: todo lo que necesitas saber está en lo profundo de tu ser; nunca estás solo, pues tienes tu Guía Divina y la sabiduría de tu Ser Superior. Ellos se muestran a través de tu intuición, pero mientras no los escuches, vas a continuar viviendo en pobreza y escasez, no sólo material, sino en todas las áreas de tu vida.

Haber olvidado nuestra esencia divina y además creernos distintos a ella es el origen de todo dolor y sufrimiento. La verdad es que no estamos separados de Dios; Él nos creó, y por eso somos luz, somos amor, somos eternidad.

Te preguntarás: "¿Y el odio, el egoísmo, las guerras, el hambre y la miseria, quién los creó?"

La respuesta es: nuestra *mente*, esa parte humana que llamamos "ego" y que se cree tan importante.

Cuando empiezan a despertar, algunas personas caen en el juego de creer saber más y ser más valiosas e importantes que los demás. Eso no es verdad: a nivel del alma todos somos igual de valiosos e importantes. El hecho de que alguien tenga más conocimientos o recuerde más información no lo pone por encima de nadie; todo lo contrario.

Tal vez yo recuerdo cosas que tú no recuerdes aun, y por eso vine a este plano terrenal: para ayudarte a recordar; yo he recibido la ayuda de otros grandes Maestros y Mentores que despertaron antes que yo.

Nuestros padres no sabían lo que era el *amor propio*, y por eso nosotros tampoco lo aprendimos; vivimos buscando la aprobación ajena, porque creemos que no somos valiosos, que no somos importantes; queremos agradar a Raimundo y todo el mundo con tal de que nos acepten, y no nos importa hacer lo que sea para obtener migajas de cariño y atención.

En toda mi vida, sólo recuerdo que mi padre me abrazó en dos ocasiones: la primera fue cuando yo tenía cerca de 5 añitos y me atacó una gran fiebre; estaba desvariando y salí corriendo como loca por el patio, pero papá logró agarrarme y contenerme entre sus brazos.

La segunda fue cuando sufrí la picada de un alacrán, y mi papá se aferró a mí pensando que me moría; fuera de eso, no recuerdo haber recibido otra caricia siendo niña. Sin embargo, no lo culpo, él también fue víctima de la erosión afectiva que se ha repetido en mi familia, de generación en generación.

Estamos tan faltos de amor propio que no nos atrevemos a tomar ninguna decisión, a menos que haya sido convalidada por alguien más; con esto no me refiero a pedir una opinión, sino a buscar aprobación.

Cuando recibes una opinión, aunque te digan "no", tú sigues siendo libre de mantener tus decisiones; en cambio, si lo que buscas es aprobación, un "no" puede echar por tierra tus más firmes intenciones.

Vivir situaciones que no están acorde a cada etapa de tu vida puede afectar seriamente tu amor propio, llevándote a asumir responsabilidades que no te pertenecen, pero que luego definirán tu carácter. Sin querer, terminarás cargando con la vida de otras personas, resolviéndoles sus problemas y descuidando los tuyos.

Así es como nuestra sociedad nos enseña a ser "buenas personas", a ser "responsables".

Necesitamos tener amor propio para saber distinguir cuáles son nuestras responsabilidades, y cuáles no.

Es necesario vivir adecuadamente todas las etapas de tu vida; cuando creces antes de tiempo por tener que asumir responsabilidades que no te corresponden, la tensión entre el "deber" y el "querer" puede bloquear tus anhelos más profundos, haciendo que dejes de ser tú mismo. Yo fui un ejemplo de ello.

Desde que tengo memoria, que es alrededor de mis tres añitos, recuerdo que mis hermanos y yo teníamos tareas con el cuidado de animales, trabajo en la tierra y asuntos domésticos. A esa edad comenzamos a trabajar, y no teníamos tiempo para vivir nuestra niñez, para hacer cosas tan comunes como jugar, correr o estudiar.

A la edad de 9 años empecé a cuidar a mi sobrino, cuando mi hermana se iba en las tardes a trabajar; el niño quedaba a mi cargo durante 4 horas, varios días a la semana. A los 11 años mi padre me sacó de la escuela para dejarme a cargo de las responsabilidades de la cocina en mi casa, y luego, siendo adolescente, me vine a los Estados

Unidos. Aquí empecé a trabajar y a cuidar a una sobrinita de meses y a otra de 2 años.

Esa fue mi responsabilidad durante 5 años, y eso influyó en que, durante mucho tiempo, yo no quisiera ser madre. Comencé a pensar que no iba a traer hijos al mundo a sufrir, pues eso era lo único que yo había vivido... ¿Qué más podría enseñarles?

Afortunadamente, tuve la oportunidad de adentrarme muy profundo en procesos de sanación, y entre otras cosas, logré reconciliarme con la maternidad.

Durante aproximadamente tres años invertí tiempo, dinero, enfoque y energía en auto sanarme interiormente, y como parte de ese proceso, descubrí que sí quería ser mamá; sentí que estaba lista para tener una familia, y que podría enseñarles a mis hijos algo diferente y de mejor calidad que lo que yo viví.

Una profunda convicción surgió dentro de mí: cuando yo tuviera mis hijos, no los llevaría a una guardería o a casa de alguien para que los cuidara; buscaría una niñera privada, alguien que pudiera venir a mi casa a cuidarlos, para así yo poder estar segura de que estaban en buenas manos. Hoy en día, eso es un hecho.

También, me sentí lista para estudiar y tener mi profesión. En el 2016 empecé a estudiar para convertirme en Coach, y elegí especializarme en el campo emocional, porque entendí que es la base del equilibrio en todo lo demás.

Ese mismo año comencé a estudiar Reiki, y cursé de un aventón los primeros 2 niveles. Luego venía la maestría, pero había un tiempo reglamentario de espera que había que respetar; sin embargo, a mí me permitieron hacerlo casi de inmediato.

Me certifiqué en Reiki Master, y al mismo tiempo estaba estudiando Programación Neurolingüística (PNL). En medio de todo este proceso, yo seguía avanzando en mi sanación interior, y así fue como llegué a afianzar mi amor propio.

Hoy puedo decir con sinceridad que mi autoestima crece más día a día, y cada vez necesito menos aprobación. He comprendido que la opinión de los demás es simplemente eso: una opinión, y yo soy libre de aceptarla o no.

Te pongo un ejemplo: si yo hubiese continuado apegada a la aprobación de los demás, este libro no estaría hoy en tus manos; hace más o menos 6 años, yo aún no estaba muy clara respecto a mi futuro profesional; de lo que sí estaba totalmente segura era de querer compartir todo lo grandioso que estaba descubriendo en mi proceso de sanación. Deseaba compartir con los demás, la misma paz, armonía, felicidad y tranquilidad que yo estaba experimentando, para de esa manera, ayudarlos también a sanar.

Muy emocionada, le compartí mi deseo a una persona muy cercana a mí:

— *¡Quiero ser conferencista!*

— *Conferencistas ya hay muchos*— me respondió— *y va a ser difícil que puedas tener éxito en esa profesión... ¡Mejor dedícate a otra cosa!*

Afortunadamente, ya mi amor propio estaba germinando dentro de mí; no quise contradecirla, porque seguramente íbamos a entrar en una discusión si yo le decía lo que pensaba. Simplemente le dije:

— *¿Sabes qué? Tienes toda la razón...*

Sin embargo, afirmé dentro de mí:

—Es mi deseo y lo voy a hacer realidad, sin importar la opinión de los demás.

Hoy estoy aquí gracias a mi decisión de no hacerle caso a esa opinión, pero si yo no hubiese tenido amor propio, confianza y seguridad en mí misma, esas palabras me hubiesen desviado de mi propósito.

¿Cuántas veces abandonamos nuestros sueños y deseos más profundos, solo porque no satisfacen las expectativas de alguien más? Es así como nos traicionamos a nosotros mismos, y esa es otra forma de infidelidad.

Es parte de nuestra naturaleza humana buscar siempre un responsable externo, tanto de nuestras desgracias como de nuestras bendiciones.

Si eres creyente, le otorgas a Dios los créditos de tus logros, mientras señalas a otras personas como responsables de tus fracasos.

Sé que va a sonar contradictorio, pero ni Dios ni nadie más es responsable de tus éxitos, de tus bendiciones o de tus infortunios, más que tú.

Todos esos deseos y sueños que has dejado en el camino te llevan a vivir amargado e infeliz, mientras tú le echas la culpa a los demás.

Ya no sé cuántas veces he escuchado a personas adultas decir: "Es que yo no estudio tal cosa que me gusta, porque mi pareja no me deja" ... "Nunca pude hacer esto que soñaba, por complacer a mis padres".

La pregunta es: ¿realmente "ellos" no te dejan, o tú no estás dispuesto a hacer lo que se requiere para materializar tus sueños?

Muchas veces, lograr lo que deseas puede significar contradecir los deseos de otras personas, incluso de tus seres queridos. En esos casos, seguir a tu corazón no es egoísmo, es amor propio.

Hay que invertir tiempo, dinero, esfuerzo y enfoque para lograr que las cosas sucedan, pero es más fácil culpar a los demás cuando no se está dispuesto a dar la milla extra.

No tiene nada de malo agradecer a Dios cuando las cosas salen bien, pero recuerda que Él nos da total libertad. El banquete está servido: amor, riqueza, felicidad, buena relación de pareja, amor propio, abundancia de dinero, prosperidad…

Si no tienes algo en este momento, no es porque Dios no te lo quiera dar, sino porque tú no lo has sabido tomar.

El día que llegues a tener eso que deseas, seguramente vas a decir: "¡Gracias Diosito!". ¡Eso está muy bien! Podemos y debemos dar gracias, pues la gratitud es una de las energías de más alta vibración, y por lo tanto, nos trae mayor abundancia. Sin embargo, quien en realidad habrá alcanzado ese logro eres tú.

Tanto tus éxitos como tus infortunios, son gracias a ti: a tus decisiones, acciones, sentimientos y palabras.

¡Todo es por ti! Y esa es una buena noticia; quiere decir que si no te gusta la realidad que estás viviendo en este momento, tienes la oportunidad, el derecho y el control total para poder cambiarla.

Cuando yo entendí esta gran verdad, me dije a mí misma:

— *Yo voy a hacer los cambios que se necesiten para ser una mujer feliz, exitosa y segura de mí misma; para tener la familia armoniosa que deseo y poder compartir con el mundo entero mi pasión: ayudar al ser humano a despertar.*

Hoy en día he alcanzado la calidad de vida que deseaba, pero no puedo atribuirle el cien por ciento de eso a otra persona ni a Dios, ni a la Divinidad, ni al Universo, o como tú le quieras llamar.

Por supuesto que he tenido soporte y asistencia espiritual, pero si yo no hubiese estado dispuesta a hacer todos los cambios que necesitaba para transformar mi vida, eso no habría sucedido.

Tuve que emprender el viaje a mi interior y empezar a autoanalizarme:

¿Qué pienso? ¿Qué siento? ¿Qué hago? ¿Qué digo?

Todo esto crea mi realidad; de allí se desprenden los resultados de mi relación de pareja, de mi profesión, de la relación que tengo con mis hijas, de la relación que tengo con otras personas, e incluso de los resultados financieros que obtengo.

A mí me encanta enseñar, compartir lo que yo ya he vivido y lo que sigo aprendiendo, porque sé que funciona.

No te estaría diciendo que tú eres el único responsable de tus resultados, si yo no estuviese dispuesta a seguirme autoanalizando y observando: "¿Qué estoy haciendo en X área, que no me da los resultados que deseo?" ... "¿Qué hay ahí que necesito transformar?" ... "¿Quizá creencias, heridas emocionales que necesito sanar?"

En nuestra búsqueda del amor propio, nos perdemos buscando afuera todo lo que está adentro.

Cuando yo empecé a despertar y a cultivar mi amor propio, cambié mi relación conmigo misma; aprendí a ver mi propia belleza y mi propio valor, sin compararme con nadie y sin depender de la opinión de los demás. Sigo aprendiendo a conocerme mejor cada día, construyendo esa versión de la mujer en la que me quiero convertir.

Me preguntarás:

—*Pero... Vero, ¿es que entonces no tienes la vida que quieres? ¡Si me acabas de decir que tienes una vida muy bonita!*.

¡Y es verdad! Tengo una vida muy bonita y equilibrada,

pero eso no significa que me conforme y que no tenga más aspiraciones: quiero ser mejor el siguiente año, y el siguiente... y el siguiente.

Cuando esté lista para desencarnar, deseo haber cumplido la mayoría de mis sueños, entre ellos dejar más de 40 libros escritos, muchos talleres y cursos grabados; quiero aportar todo el material posible para ayudar a despertar conciencias y transformar vidas durante muchas generaciones.

Todos tenemos un propósito, pero cuando buscas aprobación fuera de ti, te pierdes y te alejas de ese propósito, de tu misión, de la verdadera razón por la cual encarnaste en este cuerpo.

Tu propia alma, tus Guías Espirituales, o como le quieras llamar a la Ayuda Divina, te van a guiar directamente a donde tienes que estar, pero para escucharlos debes dejar de prestar atención a las voces externas.

En mi caso, poco tiempo después de empezar a sanar interiormente, escuché por primera vez los mensajes de mi Guía Divina a través de las sintonizaciones de Reiki. La información que recibía me dejó saber cuál es mi misión en esta vida; así fue como recordé que yo estoy aquí para sanar, primero a mí y luego a los demás.

En varias ocasiones lloré de emoción; me veía tan pequeña que no me sentía capaz ni merecedora de tener el don o la habilidad de poder sanar a otras personas, sobre todo porque yo misma aún tenía mucho que restaurar dentro de mí.

Comencé a ver con claridad quién soy, a qué vengo, de dónde vengo, a dónde voy. Empecé a amarme; mi autoestima se empezó a elevar y dejé de buscar aprobación. Todavía pido opiniones, pero no aprobación; ninguna opinión me desvía de mis sueños, mis metas y mis deseos.

Los seres humanos buscamos aprobación porque no nos sentimos seguros; creemos no saber exactamente lo que deseamos ni lo que es mejor para nosotros; esto es un error, porque en lo profundo de sí mismo, cada quien lo sabe.

El problema es que no nos enseñan cómo escuchar nuestra voz interior. El corazón es una brújula mágica que te indica qué es lo mejor para ti. ¡Síguela! Escucha a tu cuerpo.

Cuando vayas a hacer algo, o necesites tomar una decisión importante, pregúntate: "¿Qué estoy sintiendo?". Si percibes alguna incomodidad, significa que eso no es bueno para ti; en cambio, si te sientes tranquilo y tu cuerpo está en armonía, seguramente se trata de algo beneficioso y puedes avanzar sin temor.

Es así de sencillo, pero no lo sabemos, y como no lo sabemos, no lo aplicamos. Esta es demostración de que todas las respuestas están dentro de ti ¡Confía en tu intuición!

Cuando empiezas a sanar interiormente es más fácil tomar tus propias decisiones, recuperas tu poder personal y tu amor propio se incrementa; eso te lleva a valorarte más, a saber poner límites y a transformar tu vida por completo.

Si ya lo has empezado a experimentar, ¡te felicito! Y si aún no lo has hecho, no te preocupes: hoy puedes dar el primer paso... ¡Nunca es tarde para comenzar a sanar!

2.
GIMNASIA PARA EL ESPÍRITU

Tus resultados son tu creación, te guste o no.

Vero Gutiérrez

Cómo lograr el crecimiento espiritual

El mayor obstáculo para alcanzar el crecimiento espiritual es negarle la atención a lo que sentimos interiormente.

El espíritu es invisible, pero es tan real e importante como tu intelecto o tu cuerpo físico; el área espiritual requiere entrenamiento, tanto o más que cualquier otra faceta de nuestra vida.

Del mismo modo que vas al gimnasio porque sabes que es la única forma de conseguir un cuerpo fuerte y musculoso, lo espiritual requiere entrenamiento, preparación e inversión: de tiempo, de dinero, de enfoque y de energía.

Quiero aclarar que cuando hablo de espiritualidad no me estoy refiriendo a religión; de hecho, para mí son dos cosas completamente distintas.

Para crecer espiritualmente necesitamos despojarnos de los sentimientos negativos que oscurecen nuestra esencia. Mientras no sanes aquello que te duele, que te hiere, que te lastima el alma, va a ser muy difícil que puedas alcanzar tu balance interior, porque esos obstáculos te van a impedir concentrarte en ti mismo.

Aunque pareciera ser lo contrario, la espiritualidad está muy vinculada al amor propio, pues cuando empiezas a sanar interiormente, te haces más consciente de quién eres en verdad, desarrollando un nivel de conciencia que no es otra cosa sino el despertar de tu Ser Interior.

"Espiritualidad" para mí significa *estar en espíritu*, es decir, permanecer centrado, tranquilo, en paz, en armonía; sentir gozo, sentir felicidad, dedicar tiempo a ti mismo y drenar las emociones que se acumulan en el día a día.

La mente humana o racional es el escondite del ego, y mientras él tenga el control de tu vida, no va a ser fácil conectarte con la Sabiduría Divina que habita en tu interior.

Cuando se experimenta la sanación interior, se aquieta la mente y habla el corazón; solo entonces puedes liberarte de tu ego y adentrarte en las profundidades de tu ser.

Al salir de los límites de nuestra mente podemos conectar con energía de más alta vibración; la consciencia vuelve a su centro, se reconecta con su propia Esencia Divina y todo se ve con más claridad.

Otro aspecto importante de resaltar en relación al despertar espiritual es que algunas personas comienzan a experimentar lo que ellas denominan "cosas raras", es decir, empiezan a desarrollar ya sea la *clariaudiencia*, la *clarividencia*, el *clariconocimiento* o la *clarisensibilidad*; son cualidades que todos tenemos, pero que no todos sabemos o queremos desarrollar.

Cuando yo empecé a sanar interiormente, empecé a desarrollar más mi intuición. Poco tiempo después de haber empezado a tomar talleres intensivos de sanación interior, ya había depurado y cicatrizado la mayoría de mis heridas de esta vida. Fue entonces cuando comencé a experimentar el clariconocimiento (saber algo aunque no lo escuches, no lo veas y no lo sientas; solo lo sabes, como el sabio) y la clarividencia (la habilidad de ver visiones, imágenes, como si se tratara de una película).

La clariaudiencia consiste en recibir información a través del oído y del acto de escuchar, bien sea la voz de los Ángeles, de tus Guías Espirituales, e incluso de personas que han desencarnado y que quieren que les ayudes a darles un mensaje a sus seres queridos. Todos tenemos estas habilidades, pero nunca nos enseñaron que forman parte natural de nuestra esencia y que son *dones divinos*; por el contrario, muchos les tienen miedo, porque creen que significan algo malo; que son "cosas del demonio".

Incluso, hay personas que desde que nacen ya tienen estas capacidades despiertas, pero si no cuentan con alguien que pueda entender lo que les está sucediendo, son rechazadas por su entorno y ellas mismas terminan bloqueándose, sin saber que todo esto tiene que ver con la espiritualidad.

Caso contrario, una persona puede estar creciendo espiritualmente, y aun así no desarrollar estas habilidades; lo que sin duda va a comenzar a experimentar es paz, felicidad, tranquilidad, armonía y gozo.

Un punto especialmente importante que quiero resaltar es que para desarrollar la espiritualidad necesitas tener un criterio amplio hacia las cosas de la vida, para no dejarte llevar por los sistemas de control que quieren decirte en qué creer y en qué no.

La religión y la cultura nos han inculcado que todo lo invisible e inexplicable es malo o sospechoso, y que lo mejor es ni siquiera intentarlo, a menos que quieras irte al infierno. De esa forma nos mantienen controlados, desconectados de nuestro poder interior y naturaleza divina.

Este libro te servirá como una herramienta para comenzar a adentrarte en la espiritualidad; te recomiendo que lo leas tantas veces lo requieras, pero sobre todo, que lo hagas con la mente y el corazón abiertos a aprender, sin cuestionamientos ni juicios que puedan bloquear tu posibilidad de asimilar la información.

Alimentar el espíritu también requiere tiempo, dedicación y receptividad; estar abiertos a todo, sin convertirnos en fanáticos de una sola idea, ya que eso nos impide continuar aprendiendo.

Uno de los grandes problemas que experimentamos los seres humanos es la acumulación de emociones negativas que ocurre a lo largo de nuestra vida, convirtiéndonos en una bomba de tiempo.

Desde que tenemos uso de razón aprendemos a juzgarnos por sentir; sin embargo, por horribles que parezcan, incluso la envidia, los celos, la rabia, el coraje, la tristeza o la ansiedad, son parte de nuestra humanidad. Cuando los reprimimos, solo les damos más poder; en cambio, si aprendemos a aceptarlos sin juzgarlos, se liberan al instante.

Es fundamental aceptar los sentimientos y emociones que experimentamos, en el mismo momento en que se presentan, para de esa forma liberarlos; sin embargo, si esto no es posible, lo ideal es aprovechar la primera oportunidad que tengamos para exteriorizarlos y drenarlos.

He aprendido a aceptar mi sensibilidad: dreno, lloro si necesito llorar, siento la frustración o cualquier otra emoción que yo haya acumulado, y al vaciar aquello que me hace daño, siento nuevamente que regreso a mi centro, lista para continuar con todos mis roles: como mamá, como esposa y como profesional.

Cuando me siento muy cargada emocionalmente, evito tener contacto con otras personas; tampoco me gusta escribir nada para mis redes sociales ni cualquier otro tipo de contenido, porque no quiero que lleve esa vibración.

En esos momentos busco hacerme cargo de mí, de lo que estoy sintiendo; lo hago consciente y me doy el tiempo para liberarlo.

Otra forma de aquietar nuestra mente y liberar estrés y ansiedad, es a través de la **Meditación**. Esta práctica nos saca de la realidad humana, introduciéndonos en la dimensión no física, invisible, que es la espiritual. Por eso, durante y después de meditar, las personas sienten tranquilidad, paz, serenidad y felicidad.

Meditar es una herramienta maravillosa, pero para lograr la sanación interior profunda, es necesario complementar con otras técnicas, como las que dicto en mis programas.

Existen muchas formas de meditar, desde la Meditación en silencio, hasta las sesiones guiadas que encuentras en internet. A continuación, te explicaré brevemente algunas de ellas:

Meditación en silencio

Para realizarla te sientas en posición de loto, es decir, con las piernas cruzadas, la espalda recta y las manos sobre tus rodillas; con los ojos cerrados, te concentras en tu respiración: inhalas-retienes-exhalas.

Al fijar la atención en tu respiración, tu mente se abstrae de pensamientos, sentimientos y emociones; no es que desaparezcan, pues ellos siempre van a estar ahí, en ebullición. Lo que cambia es que tú no vas a prestarles atención.

Al principio esto no resulta sencillo, porque hemos estado rumiando pensamientos, sentimientos y emociones desde que tenemos consciencia; es normal que una persona tarde algunos meses en lograr estos instantes de trascendencia, y con la práctica constante puede llegar a mantenerlos cada vez por más tiempo.

En lo personal, no recuerdo cuanto tiempo me llevó comenzar a experimentar el vacío, pero sí sé que se me hizo difícil al principio, y esa es la razón por la que me he interesado en buscar nuevas formas de Meditación que puedan dar resultados más rápidamente.

Cada persona puede experimentar cosas distintas a partir de la Meditación: hay quienes tienen visiones en las que recorren otros lugares y espacios; otros ven colores, y hay quienes escuchan sinfonías de muy alta vibración. Cada experiencia es única.

Yo no veo ni siento ninguna de esas cosas; no sé exactamente a dónde me traslado, pero sí puedo afirmar que experimento una paz, una tranquilidad y un gozo que son difíciles de expresar con palabras.

Cuando entramos en Meditación nos sumergimos en un *espacio-tiempo* distinto al que conocemos en nuestra limitada experiencia humana. Mientras meditas puedes tener la sensación de flotar, y es normal descubrir que transcurrieron horas, aunque para tu percepción no fueron sino unos pocos minutos.

Al entrar en esa otra dimensión, automáticamente estás elevando tu nivel de vibración, y mientras más alto vibres, menos dificultades vas a tener, porque los desafíos y lo que llamamos "problemas", no son más que situaciones de muy baja frecuencia vibratoria.

Cuando una persona evoluciona espiritualmente, cada vez experimenta menos situaciones complicadas, y si llega a tener alguna, le resulta mucho más fácil atravesarla, solucionarla, superarla y volver a recuperar su centro.

Meditación guiada

Puedes realizarla cómodamente sentado, o incluso acostado. En este tipo de Meditación contarás con el apoyo de una persona que, a través de su voz, te irá guiando a lo largo de todo el proceso, indicándote qué hacer, qué visualizar o imaginar.

Algunas personas se quedan dormidas durante este tipo de sesiones; esto no impide que las vibraciones de alta frecuencia actúen en ellas igualmente, solo que si esto sucede, no van a estar consciente del proceso.

Cuando yo imparto meditaciones guiadas, me dejo inspirar por mi Sabiduría Divina; no me apoyo en textos ya existentes, sino que genero uno particular para cada ocasión. Es como si me estuvieran dictando las palabras a través del clariconocimiento, y de la misma forma escribo mis libros.

Meditación en movimiento

Esta modalidad se basa en activar el cuerpo físico mediante movimientos, hasta aturdir la mente y entrar en éxtasis, en vacío. La persona simplemente debe poner atención a lo que su cuerpo desea hacer: si quiere bailar, baila; si quiere correr, corre; si quiere sentir una emoción, la siente.

La Meditación en movimiento es una forma muy efectiva de conectarse con altos niveles de vibración, especialmente adecuada para aquellos a quienes les perturba permanecer inmóviles por mucho tiempo.

Meditación Consciente

Es el tipo de Meditación que te comparto en este libro, y consiste en combinar la concientización de las emociones con la Meditación en silencio. Esta forma de meditar surgió a raíz de la experiencia con mis estudiantes, pues la idea de sentarse y permanecer inmóvil se convertía en algo difícil para la mayoría, y como resultado, no lograban abstraerse de sus pensamientos y sentimientos.

Cuando nos sentamos a meditar, la mente comienza a bombardearnos con una lista interminable de pensamientos, los cuales a su vez nos generan sensaciones. El meollo del asunto es que la mayoría de las veces, el tiempo de Meditación se nos va en luchar contra los pensamientos que se generan sin cesar.

En cambio, si tomamos como punto de partida el hecho de que la mente nunca se queda quieta, dejamos de oponerle resistencia y aceptamos las sensaciones y emociones que estamos experimentando. El resultado es que ese pensamiento, esa emoción o ese sentimiento se esfumarán por arte de magia. En otras palabras, esta estrategia te ayudará a aquietar tu mente en corto tiempo.

La mente es como un niño chiquito: siempre quiere llamar la atención. Si ese niño quiere algo y sus padres lo ignoran, él seguirá insistiendo, se pondrá impertinente y hará un sinfín de travesuras hasta ser escuchado. En cambio, si sus padres dedican siquiera unos minutos a escucharlo, darle lo que quiere y necesita, se irá tranquilo a concentrarse en sus juegos. De la misma forma ocurre con todo lo que sentimos en nuestro interior; por esta razón decidí orientar a mis alumnos a que en la meditación reconozcan y acepten sus pensamientos y sientan sus emociones, pues de esa forma se aquieta el ruido mental mucho más rápido. Más adelante encontrarás más información sobre esta forma de Meditación, y el *paso a paso* para realizarla.

3.
LA SALUD EMOCIONAL

Una vida llena de estrés es un infierno.

Vero Gutiérrez

Mente sana en cuerpo sano

Aun hoy en día, la mayoría de las personas no creen que los estados emocionales afectan la salud del cuerpo, pero la verdad es que tus emociones están íntimamente ligadas a tu estado mental y físico.

Las emociones negativas bloquean los centros energéticos de nuestro cuerpo, es decir los Chakras, afectando la salud de las respectivas áreas, órganos y funciones vinculadas a ellos; esto es lo que se conoce como bloqueos energéticos: densidades emocionales que interrumpen el flujo de nuestra energía, causando enfermedades en el cuerpo físico.

Un ejemplo de ello son las personas que han sufrido abuso sexual, generándose un bloqueo en los Chakras 1 y 2, que regulan nuestra sexualidad, entre otros aspectos.

En consecuencia, estos individuos terminan padeciendo diversas enfermedades de los órganos relacionados con la zona reproductiva o genital, lo cual ocurre tanto en mujeres como en hombres.

Otro caso muy frecuente es el de las personas que viven abrumadas por exceso de responsabilidades; por lo general, sienten dolores y tensión en la espalda, hombros y cuello, y manifiestan sentir mucho cansancio.

Cuando este tipo de personas llegan a mis terapias, descubren que están asumiendo un sinfín de tareas que no les corresponden, pero argumentan estarlo haciendo "por amor", para ayudar a otros.

Esa conducta refleja incapacidad para poner límites por temor al rechazo de los demás.

Estas personas terminan haciéndose cargo de las responsabilidades de otros, porque sienten que necesitan "ganarse" el afecto.

Así se descuidan y por faltan de amor propio, ponen primero a los demás, dejándose a sí mismos para lo último.

En mis programas trabajamos la liberación de emociones reprimidas; de esta manera se desbloquean los chakras, y el flujo de la energía vuelve a la normalidad. En consecuencia, las personas comienzan a sanar también de sus dolencias físicas.

La sanación interior es mágica; quienes la experimentan comienzan a sentir que su vida es, literalmente, más ligera. Los testimonios suelen ser más o menos los mismos:

— *¡Ya no me siento pesada! me siento ligera, respiro mejor, puedo dormir mejor por las noches, soy feliz...*

Quienes empiezan a prestar atención a su salud emocional comienzan a manifestar grandes beneficios en su cuerpo físico; los signos más visibles son: mayor brillo en sus ojos, en la piel; en otras palabras, empiezan a rejuvenecer, porque el estrés y las emociones densas, como la tristeza, la angustia, la ansiedad, el miedo, la culpa y la vergüenza, van matando nuestras células.

Te voy a dar algunos ejemplos:

Una vez escuché la historia de alguien cuyo hermano se había quitado la vida hacía algunos años, y esta persona vivía atormentada por no haber estado en casa en aquel momento. Mi trabajo en ese caso consistió en ayudarle a comprender que no debía cargarse con esa culpa, porque en realidad lo que ocurrió con su hermano fue una decisión de él, y hubiera sucedido tarde o temprano, pues era lo que él quería hacer.

No sólo la culpa nos afecta en distintas áreas de nuestra vida, sino también la vergüenza, que impide a muchas personas decir lo que piensan y desean.

Al inicio de mis programas, la mayoría de los participantes manifiestan sentir un nudo en la garganta cada vez que desean expresar algo que les causa emociones fuertes.

Probablemente has escuchado frases como: "Si hubiera dicho esto"… "Quería decirle tal cosa, pero no me atreví".

El nudo en la garganta les impide hablar, y después se sienten doblemente culpables por no haberse atrevido a decir las cosas; no lo hacen porque no quieren que los juzguen, que les digan que no están en lo cierto; en otras palabras, les aterra sentirse rechazados.

La vergüenza está vinculada con el miedo al rechazo; entonces, en su diálogo interior comienzan conversaciones de este tipo: "Si hablo y digo sinceramente lo que quiero y lo que no quiero, me pueden rechazar, dejarán de quererme y tengo miedo a que me abandonen".

La tristeza es otra emoción que afecta también a niveles muy profundos; cuando comencé a asistir a otras personas pude ver que los casos de depresión eran innumerables, y eso me impactó fuertemente.

Empecé a investigar, y descubrí que la depresión es la tristeza acumulada por años; yo la defino como "tristeza rezagada", porque con cada dolor que has vivido, la tristeza se va incrementando, hasta que llega un momento en que se desborda.

Las neuronas cerebrales se conectan entre sí; cuando experimentas tristeza, automáticamente las neuronas de tu cerebro que están registrando esa emoción en el presente, buscan a las otras neuronas que han acumulado tristeza a lo largo de tu vida y se conectan con ellas.

Esta es la razón por la que algunas personas llegan a colapsar debido a eventos aparentemente insignificantes, pero que se convierten en la gota que derrama el vaso, detonando toda la tristeza acumulada.

Cuando consigues drenar toda esa tristeza y liberarla, ocurre la sanación, y la vieja conexión entre tus neuronas se empieza a interrumpir; literalmente, comienzan a desconectarse, y al renovar la información, se crean nuevas conexiones.

Esto es lo que ocurre con mis programas y con lo que estás leyendo en este libro: tus neuronas están empezando a crear nuevas conexiones, en base a toda la información que les estás aportando, aquí y ahora.

Recuerda que el efecto de las emociones es acumulativo: mientras más feliz estés, tus neuronas irán generando más y más conexiones de felicidad; la felicidad se convierte en tu tendencia. Independientemente de los problemas y dificultades que pueda experimentar, una persona predominantemente feliz podrá superar más rápidamente cualquier obstáculo y retornar a la felicidad. Otra emoción que puede destruirnos la vida es la rabia. Piensa en cuántas personas están en este momento privadas de libertad, y todo porque perdieron el control en un instante; después no hubo marcha atrás, y ahora tienen que asumir las consecuencias por largo tiempo.

En esos casos, es frecuente escuchar: "¡Es que no sabía lo que hacía!".

Puede parecer una excusa barata, ilógica y estúpida; sin embargo, tiene algo de verdad, porque cuando alguien siente mucha rabia, literalmente se ciega, pierde la consciencia y hace lo que hace.

He oído de casos terribles en los que una persona mata a toda su familia y luego se suicida. No me puedo imaginar el caos emocional que alguien pueda estar viviendo para llegar a esos extremos, pero el ejemplo vale para demostrar que la rabia siempre va asociada a la acumulación de emociones.

Todo empieza cuando alguien te dice o te hace algo que te genera enfado, pero tú no lo liberas en el momento, ni te tomas el tiempo para drenarlo poco después. No te han enseñado cómo y cuán importante es hacerlo, así que lo vas acumulando, de la misma forma en que se acumula cualquier emoción recurrente en tus neuronas.

La rabia se siente en el Plexo Solar (esa zona arriba de tu ombligo), donde se ubica el Chakra 3. Cuando la rabia que sentimos es muy densa y profunda, las personas exclaman: "¡Siento que me arde la sangre!".

La rabia se va haciendo más incontrolable a medida que pasan los años y se van acumulando más eventos que te hacen enojar, sin que tú estés consciente de eso. Seguramente esas cosas ocurrieron durante tu infancia o en tu adolescencia; tal vez fueron generadas por tus mismos padres, sin que ellos supieran el daño que te estaban haciendo, y es así como, poco a poco, vas perdiendo el control.

Las emociones también se pueden heredar, y prueba de ello es un comportamiento que se ha repetido en mi familia de generación en generación: lo he vivido yo, lo vivió mi padre y veo que la mayoría de mis hermanos también lo viven, y es que cuando estamos muy enojados, terminamos aventando cosas. Este patrón de conducta lo he podido liberar gracias a la sanación interior.

La comprensión y el vivir profundamente nuestras emociones, es un factor decisivo para la sanación interior y despertar de nuestra consciencia.

De acuerdo con el tipo de emoción predominante en las personas, sabemos que hay individuos "positivos" y "negativos"; lo interesante es que, habitando todos el mismo mundo, se diferencian fundamentalmente en su manera de interpretarlo.

Las personas *positivas* tienen la convicción de que pueden superar cualquier inconveniente que se les presente, pues saben que los reveses son circunstanciales y pasajeros, mientras que las personas que podríamos llamar *negativas* no son capaces de proyectar los procesos en el tiempo; por lo tanto, perciben sus problemas como eternos, cayendo en la desesperanza y la depresión.

Nos encontramos en un momento de transición cósmica,

en el que resurge la importancia del desarrollo espiritual. El ser humano es mucho más que músculos y huesos; es hora de hacernos responsables de nuestra parte sutil. Hoy más que nunca, la forma en la que decidimos interpretarnos a nosotros mismos y a las circunstancias que nos rodean puede determinar nuestra salud o nuestra enfermedad.

Como seres humanos, estamos sujetos a vivencias que nos marcan para bien o para mal. Esta es La Escuela de la Vida: algunos tienen la fortuna de nacer en un hogar bien estructurado, estable y amoroso, mientras que a otros nos ha tocado enfrentar carencias, maltratos y dolor.

Hoy sé que todo lo que nos ocurre, tanto positivo como negativo, tiene una razón de ser. Por supuesto que todos disfrutamos y apreciamos "lo positivo", pero eso que llamamos "negativo" también tiene un sentido en nuestras vidas, aunque se traduzca en experiencias difíciles de digerir y que tengamos que expulsar.

En mi opinión, nuestras emociones son la prueba irrefutable de que nuestro cuerpo físico, nuestros pensamientos y sentimientos están íntimamente vinculados.

Con mucha frecuencia las personas confunden la mente con el cerebro; ese es un gran error, pues mientras el cerebro es el órgano encargado de regular una buena parte de nuestra interacción con el mundo que nos rodea, la mente no es "algo" que pueda ubicarse de forma particular, sino que se trata más bien de una *macrofunción*, un complejo de capacidades que nos conecta con una Inteligencia Superior a través de diversos mecanismos, además de los cerebrales.

Seamos o no conscientes de ello, la mente está diseminada en todo y en todos, de manera que nos movemos sumergidos en ella. La finalidad de encontrar alternativas para conectar con un nivel más elevado de energía, se enfoca en el deseo de fusionarnos con esa dimensión que representa nuestro grado más elevado de evolución.

Reconocer y aceptar nuestras emociones es fundamental, porque cada vivencia negativa o dolorosa genera un impacto emocional en nosotros, y es donde se originan las enfermedades.

Las dolencias físicas no son más que la manifestación de desbalances de nuestros aspectos invisibles, y por lo general, no somos conscientes de ello, pero nuestro cuerpo físico lo pone en evidencia a través de la enfermedad. Lograr liberar la emoción que está afectando nuestra salud, significa un gran porcentaje de avance en el proceso de sanación interior.

4.
Mi Propia Autosanación

Si pudieras cambiar el tiempo ¿Qué cambiarías?
Haz ese cambio hoy
para que en tu futuro no quieras cambiar
lo que ya es imposible
Vero Gutiérrez

Ser feliz es una decisión

Cuando comencé mi proceso de sanación interior, tenía todas las emociones a flor de piel. Parecía una ollita express a punto de explotar: todo en mí reflejaba el dolor acumulado por tantos años de violencia vividos en mi casa.

Mi papá nos pegaba por cualquier cosa, pero no sólo a sus hijos, sino también a mi madre; varias veces la golpeó salvajemente por cosas estúpidas. Cuando eso ocurría, yo no podía evitar sentir todo ese miedo reflejado en mis intestinos, y me daba diarrea. Literalmente, mi cuerpo necesitaba expulsar todas aquellas sensaciones tan tóxicas que me producían esas terribles escenas.

Siendo apenas una niña, vivía con el temor de llegar y encontrar a mi mamá muerta, y de hecho, años después casi sucedió. Fue cuando ya me había venido a los Estados Unidos; solo sé que mi mamá sobrevivió gracias a que en ese momento llegó uno de mis hermanos y pudo intervenir, pues de lo contrario, mi papá la hubiera matado.

Esa fue la última vez que él la agredió, porque todos sus hijos prácticamente la obligamos a dejarlo. Quizás no fue lo correcto, o no era lo que ella quería, pero nosotros sabíamos que era la única forma de salvarle la vida. Después de eso, solo vivió alrededor de siete años, y luego falleció.

Yo tuve el privilegio de estar con ella en sus últimas semanas, y algo que me dijo en su lecho de muerte se me quedó tatuado en el alma.

Mi madre se quejaba de intensos dolores en todo su cuerpo, y a pesar de que estaba bajo tratamiento, sus malestares no aliviaban. En un momento, yo le pregunté:

—Mamá... ¿Qué te duele?.

—Lo que me duele es que yo nunca fui feliz.

Su respuesta me hizo reflexionar sobre lo que yo realmente quiero para mi vida.

Mi mamá tuvo 17 embarazos, de los cuales nacieron 19 bebés; 6 fallecieron con apenas pocos días de nacidos, mientras que los otros 13 crecimos y nos desarrollamos. Un parto fue de gemelos y se le murió uno; tuvo un parto de trillizas y las 3 murieron...

Su cuerpo estaba desgastado, pero mucho más lo estaba su espíritu, por la mala vida que le dio mi padre. No me lo dijo, pero a lo mejor en ese momento ella quería regresar el tiempo para hacer algo diferente, quizás haberse divorciado más temprano y no haber aguantado tanto maltrato.

Al desencarnar, mi madre me dejó la determinación de esforzarme por hacer realidad cada sueño, cada meta, cada deseo que hagan vibrar mi ser, porque no quiero sufrir como ella cuando llegue mi turno de partir.

Hubo un tiempo de mi vida en el que corté toda comunicación con mis padres, por distintas razones. Fueron alrededor de tres años en los que no hablé con ellos, hasta que comencé a trabajar en la sanación de mis heridas, y llegó un momento en el que pude ver las cosas totalmente diferentes.

Para comenzar, dejé de juzgarlos y culparlos por todo lo que vivimos, y pude comenzar a verlos con amor, entendiendo que ellos también fueron unos niños heridos a quienes sus padres, sin querer, les marcaron la vida.

Por fin, un buen día me sentí en condiciones de tener una conversación de corazón a corazón con mi papá. Lo llamé desde donde me encontraba en ese momento; le pedí perdón por haberlo juzgado, por haberme alejado de él, por echarle la culpa de todos los maltratos, pues aunque sí me dolieron, entendí que él también había sido maltratado y no conocía otra forma de tratar a sus hijos.

Su madre (mi abuela) murió en el parto, y a él lo llevaron con otra familia para que pudiera alimentarse del pecho de otra señora. Por si fuera poco, durante toda su vida tuvo que soportar que mi abuelo y mis tíos mayores le echaran la culpa de la muerte de mi abuela.

Cuando él tenía alrededor de 5 añitos, uno de mis tíos lo llevó a otro rancho para regalarlo. Lo encerraron en una habitación, y él como pudo logró escaparse; se fue corriendo tras su tío, quien le dio una paliza que casi lo mata.

Recordar esa historia me permitió imaginar cuánto sufrimiento y dolor pudo haber sentido mi papá a tan corta edad, expuesto al rechazo de todos desde que era apenas un recién nacido indefenso.

Fue cuando empecé a sanar que pude acceder a mi compasión, a mi amor verdadero, y por primera vez en mi vida pude ver a mi padre como realmente es: un alma perfecta en medio de su imperfección humana.

Yo había decidido conversar con mi padre sin abrigar ninguna expectativa; sólo quería que él me escuchara y que supiera que estaba arrepentida de todas mis equivocaciones, pero entonces sucedió algo mágico: ese corazón duro de hombre rígido, frío y tosco, se abrió al amor.

Me dijo que reconocía habernos hecho mucho daño,

y aunque ya era tarde y el mal estaba hecho, me pedía perdón por todo lo que me hubiese herido.

Fue un momento muy especial, sobre todo porque ninguno de los dos sabíamos que unos meses más tarde, él iba a partir de este mundo.

Después de esa llamada yo procuraba hablarle por lo menos cada semana, y empecé a decirle:

- Papá... te quiero.

Las primeras veces se me hacía un nudo en la garganta, pero me había propuesto practicar decir lo que realmente sentía.

Cuando mi padre falleció yo no pude viajar al sepelio, pues todavía estaba en proceso de conseguir mi legalidad, y si salía de los Estados Unidos ya no podría regresar.

Tiempo después, una de mis hermanas me comentó:

—*Mi papá me contó que tú le decías que lo querías, y que él se sentía muy a gusto de escuchar esas palabras.*

En ese momento comprendí que había sido una gran bendición en mi vida el haber sanado las heridas que me habían marcado y que habían estado sangrando durante tantos años.

Cuando mi papá desencarnó yo tenía nueve años sin verlo, y por supuesto que me dolió; sin embargo, pude superar el duelo muy pronto, porque solo tuve que lidiar con el dolor por su partida. No me quedé con cargos de consciencia, porque después de sanar hice todo lo que se requería para restaurar nuestra relación.

Me he dado cuenta de que la gran mayoría de quienes sufren la muerte de un ser querido pasan años sin poder superarlo, porque han quedado muchas cosas inconclusas en esa relación: discusiones fuertes, asuntos sin resolver, cosas por decir, ofensas por perdonar…

Esa culpa, sumada al dolor de la partida, es lo que no los deja vivir en paz; incluso hay quienes mueren por no poder superar el dolor de esa pérdida.

Hasta la fecha sigo agradecida por haber sanado antes de que mis padres fallecieran; de esa forma pude mejorar mi relación con ellos y consolidar una reconciliación. Ese es el mayor de los regalos que pude darme a mí misma, y a ellos antes de su partida. Gracias a mi sanación interior, aún en la distancia logré establecer la mejor relación que jamás tuve con mi padre; para mí fue un privilegio haber podido hablarle horas antes de que desencarnara, y de nuevo le dije que lo quería mucho, que deseaba con el alma volverlo a ver.

Hoy sé que en este plano físico eso no será posible, pero cuando mi alma trascienda me encontraré con la suya.

No dejo de preguntarme: ¿Qué hubiese pasado si yo no hubiese tenido la valentía de reconocer mis heridas? ¿Quién sería yo en este momento si no hubiese estado dispuesta a invertir tiempo, dinero, energía y enfoque en sanarlas?

Si yo no hubiese restaurado mi relación con mis padres, estaría cargando con esa culpa por el resto de mi vida. Es lo que les pasa a tantas personas que no logran superar la pérdida de un ser querido, porque quedan con cargos de conciencia, remordimientos y cosas pendientes que nunca pudieron decirles.

Muchas personas no se atreven a reconocer que abrigan emociones y sentimientos negativos hacia sus padres, porque les han hecho creer que "es malo" sentir eso, cuando en realidad es más común de lo que imaginan.

La razón por la cual llegamos a tener sentimientos negativos hacia nuestros padres, es debido a los malos tratos que nos dieron, por su ausencia o abandono. En otros casos, hay quienes solo tuvieron pequeños disgustos, pero aun así, se acumulan resentimientos, y eso no está mal; por extraño que parezca, es algo que en algún momento todos sentimos.

Lo que no está bien es nunca liberar esos sentimientos y permitir que dañen la relación entre padres e hijos.

Un secreto para vivir en paz es que si tienes una diferencia con alguien importante para ti, te des la oportunidad de resolverla cuanto antes, porque no sabes en qué momento alguno de los dos se irá de este mundo.

En un caso así, lo mejor que se puede hacer es liberar lo que se siente para poder perdonar y mejorar la relación.

Yo no dudo que haya un porcentaje mínimo de personas que realmente han tenido una relación armoniosa con sus padres, pero la gran mayoría hemos experimentado sentimientos encontrados con respecto a los nuestros.

La importancia de sanar la relación con los padres va más allá de una simple conversación. A nivel espiritual, la energía de la madre está vinculada a la vida, influyendo en toda la abundancia material que podamos disfrutar, mientras que la energía del padre está vinculada a la administración de esos bienes y esa abundancia.

Papá y mamá son nuestros pilares más importantes. Sanar la relación con ellos es el mejor regalo que te puedes hacer, y que no solo se va a traducir en abundancia y prosperidad, sino también en paz interior y armonía en todas las áreas de tu vida.

Quizás te estés preguntando:

—*Si mis padres ya murieron, ¿cómo podría sanar mi relación con ellos?*.

La buena noticia es que, aunque ellos hayan partido, puedes igualmente restaurar esa relación. Si tu padre o tu madre, o ambos, ya desencarnaron, significa que ya no sienten todas esas emociones, roces o disgustos que tuvieron contigo; en otras palabras, ellos ya están en paz.

El que no está en paz ni tranquilo eres tú, que aún continúas en este plano terrenal, con un ego y una personalidad humana que te hacen sentir todas esas negatividades.

Lo primero que debes hacer es darte el permiso de aceptar con honestidad eso que sientes, para luego comenzar a drenarlo.

Te aseguro que al sanar tú, automáticamente todo en tu entorno se va a regenerar, y todos los aspectos de tu vida comenzarán a alinearse, pues aunque no lo creas, nada te va a salir bien mientras abrigues sentimientos negativos hacia los seres que te dieron la vida.

Es probable que realmente tengas el deseo y la intención de perdonar a tus padres por todo lo que pudieron haberte lastimado, queriendo o sin querer; sin embargo, a veces no es tan sencillo. Se requiere de acompañamiento profesional para poder hacerlo en profundidad, y es por eso que yo he creado programas para ello.

Si eres de los que piensan: "Yo perdono, pero no olvido...", déjame decirte que eso es un autoengaño.

El perdón es una decisión personal que se hace de corazón, y no está condicionada al arrepentimiento de quien nos dañó o nos lastimó.

Si crees haber perdonado, pero no estás seguro, hay una manera infalible de saberlo: simplemente, piensa en la persona que te lastimó, y si ya no sientes esas emociones de los mil demonios, significa que ya sanaste, que ya perdonaste y estás en paz. De lo contrario, no has sanado.

Mi propio proceso de sanación interior tuvo que pasar por el filtro del perdón, y eso me ayudó a convertirme en una mejor persona: más compasiva, más comprensiva, menos propensa al juicio y a la crítica, que antes se me hacían tan normales.

Por lo general, crecemos viendo a nuestros mayores señalando a otros, y como buenos aprendices, nos convertimos en despiadados jueces de nuestros semejantes; sin embargo, cuando comenzamos el camino del despertar de la consciencia, nos damos cuenta de que quienes nos rodean no son sino espejos que nos muestran todo aquello que no somos capaces de reconocer en nosotros mismos.

Te voy a ser sincera: no es que yo me haya liberado completamente del vicio de juzgar, pero ahora soy más consciente de que lo estoy haciendo, y en consecuencia, cuando me descubro haciendo juicios hacia otra persona o hacia mí misma, puedo parar.

Entiendo y acepto que las personas son libres de vivir su vida como quieran y decidan, y que no hay razones para enjuiciarlas por ello.

Aquietar el juicio ha sido un aspecto muy importante de mi proceso de evolución; ha sido un trabajo arduo, largo y profundo; he aprendido a observarme, estableciendo una mejor relación conmigo misma, y por ende, con todos los que me rodean.

Mi sanación interior fue determinante para comprender todo esto que te estoy compartiendo. Hoy en día sigo evolucionando, sigo mejorando mi vida, sigo aprendiendo; lo más importante es reconocer que la sanación interior es tan necesaria e importante como cepillarte los dientes todos los días al levantarte. ¿Qué crees que pasaría con tus dientes si desde que viniste a este mundo no los has cepillado?

Ahora, imagina nada más cómo está tu interior, si nunca en tu vida te has dado la oportunidad de hacer una limpieza interna.

Así como tus dientes se dañarían si no los limpias con la frecuencia necesaria, tu interior necesita que limpies, liberes, sanes y cicatrices las heridas ocasionadas por los distintos eventos que has vivido, y que tarde o temprano podrían terminar afectándote -incluso a nivel físico-, poniendo de manifiesto los conflictos emocionales que todavía no has drenado.

Te invito a que reflexiones en torno a estas sencillas preguntas:

¿Cómo está tu interior? ¿Eres realmente feliz? ¿Eres una persona segura de sí misma? ¿Eres entusiasta? ¿Disfrutas de la vida? ¿Te sientes con vitalidad? ¿Te sientes pleno?

Si tus respuestas son afirmativas, ¡te felicito!

Si no lo son, ¡está bien! Hoy es un buen momento para empezar tu sanación interior y liberarte de todo lo que se interpone entre tú y tu felicidad.

El desarrollo espiritual requiere de dos cosas:

Valentía: No es fácil volcar la mirada hacia ti mismo y reconocer todos tus defectos, todos tus errores e imperfecciones. Resulta mucho más sencillo desviar la mirada y seguir creyendo que todo ese vacío e infelicidad que experimentas se deben a los demás, a algo o a alguien fuera de ti a quien puedas echarle la culpa.

Humildad: Sea lo que sea que hayas logrado restaurar, nunca creas que llegaste al final del camino; el proceso de sanación interior nunca termina mientras sigamos viviendo esta experiencia humana. Es probable que al principio puedas trabajar en los eventos más obvios, más evidentes y más leves, pero a medida que avances vas a adentrarte en zonas cada vez más profundas de tu consciencia, donde te puedes encontrar con verdades que ni siquiera imaginas.

La aceptación de que nunca terminamos de sanar me ha permitido mantenerme en constante evolución, no solo como profesional, sino sobre todo como ser humano.

Es la certeza que me ayuda a asistir a otras personas con mayor profundidad en sus propios procesos de sanación, llegando a la raíz de sus dificultades y sufrimientos en la actualidad.

Me siento satisfecha de haber alcanzado el nivel en el que me encuentro, pero sigo dándome la oportunidad de ver qué aspectos hay en mí que aun pueda sanar.

Hace años sané mis heridas más grandes de esta vida, pero aún sigo sanando memorias relacionadas con vínculos ancestrales y de vidas pasadas que me pueden afectar en la actualidad.

5.
LA VALENTÍA DE ACEPTAR

El viaje a tu interior es muy liberador,

ahí es donde está tu paz...

Vero Gutiérrez

Enfócate en tu verdad interior

Cuando apenas tenía cuatro añitos fui víctima de abuso sexual, y en mi adolescencia se volvió a repetir. Estos eventos me dejaron atrapada en una red de juicios y creencias erróneas que me condujeron a un callejón sin salida.

Tuve que trabajar arduamente para sanar profundamente las heridas ocasionadas en esos capítulos de mi vida; hoy creo necesario que el mundo conozca esta parte de mi pasado, porque es una de las grandes heridas que he sanado, y porque haber atravesado este oscuro pasaje me da la capacidad de brindar soporte a otras personas que puedan experimentar situaciones similares.

La primera vez que fui ultrajada yo era una niña de apenas cuatro años, y como es común en ese tipo de casos, nunca dije nada; sin embargo, ese secreto me quemaba por dentro.

A la edad de 7 años empecé a estar más consciente de lo que significaba que una mujer fuera "virgen" o "señorita"; escuchaba conversaciones de los adultos, diciendo que una mujer que no era virgen ya no era valiosa, porque ningún hombre iba a querer casarse con ella. Saqué mis propias conclusiones, y mi autoestima se esfumó.

Fue pasando el tiempo y mi cuerpo se empezó a desarrollar; a mis 16 años, recién llegada a los Estados Unidos, sufrí otra agresión hacia mi integridad como mujer, solo que esta vez no fue un único episodio, sino una situación continuada que se prolongó por varios años.

Mi trauma de la niñez volvió a resurgir con más intensidad, y a ese se le sumaba esta nueva herida. Comencé a generar un gran miedo hacia los hombres; me dio por pensar que ya no era valiosa, que enamorarme, casarme o tener una familia eran imposibles para mí, porque ya no era virgen.

Durante toda mi vida había visto a mi madre sufrir por los maltratos de papá, y a mis hermanas casadas sometidas por sus esposos; llegué a la conclusión de que las mujeres solo veníamos al mundo para sufrir, y sentí que mi vida no tenía sentido, por lo que entré en una profunda crisis existencial.

Cuando miraba hacia el pasado, todo lo que veía era sufrimiento y dolor. Me sentía en un callejón sin salida y ya no deseaba vivir más; estaba harta de sufrir.

En tres ocasiones intenté quitarme la vida con fármacos; hoy puedo entender que no era mi tiempo de desencarnar, pues siempre alguien me encontraba y me detenía.

La pesadilla que yo estaba viviendo en aquel momento salió a la luz cuando yo ya era adulta; no solamente tuve que enfrentarme al mundo, sino también a mi familia, pues como suele ocurrir, mi agresor formaba parte de mi círculo inmediato.

Cuando todo se supo, fue devastador, porque la sociedad y mi propia familia me juzgaban, me acusaban de haber provocado todo lo que me pasó. Sólo algunos de mis hermanos creyeron mi versión; otros me dieron la espalda.

Con frecuencia soñaba que mi agresor me encontraba y que quería matarme. No tenía energía ni ganas para continuar trabajando, y me tuve que ir a un shelter para protección de mujeres víctimas de abusos; ahí estuve durante varias semanas, lidiando con un montón de emociones encontradas: miedo, tristeza, rabia, vergüenza…

Estando en el shelter comencé a recibir terapia con una psicóloga; ella me dio medicamentos para sentirme mejor, pero yo elegí seguir viviendo conscientemente lo que estaba ocurriendo. No quise evadir con fármacos; no quería hacerme adicta.

Fue una elección personal, y nunca se lo dije a la psicóloga; yo me llevaba mi receta cada vez que ella me la daba, pero nunca la surtía, pues sabía que en mi frágil estado emocional yo podía terminar haciéndome dependiente de esas sustancias.

Un tiempo después me fui a Utah, y allí continué en terapia; me puse en contacto con una organización sin fines de lucro que contaba con una consejera especializada en ayudar a mujeres que habían sufrido abuso sexual o violencia doméstica.

Estuve aproximadamente un año en terapia; primero iba tres veces por semana, luego fueron dos veces, y finalmente una por semana.

La dinámica era muy sencilla: la terapeuta se sentaba en una silla frente a mí, me ponía cerca una cajita de Kleenex, sacaba una libreta y tomaba notas de lo que yo decía.

Era positivo en el sentido de que al menos había alguien que me escuchaba, pero yo deseaba ir más allá y sacar de raíz todo aquello que estaba sintiendo, y allí no hacíamos nada que implicara sanar en profundidad.

Yo sentía una barrera que impedía realmente me pudieran entender; no había empatía.

Empecé a buscar otras alternativas por mí misma, y me refugié en los libros de autoayuda; a veces me frustraba y lloraba, porque todo lo que leía o escuchaba insistía en lo mismo: "¡Tú puedes ser feliz!... ¡Tú mereces ser feliz!".

Algunos hasta te daban ciertas pautas, pero yo necesitaba que alguien me llevara de la mano en ese proceso, porque al principio no resulta tan sencillo atreverse a mirar todo el dolor que traemos; todas esas emociones que tanto nos lastiman.

Muchas veces me pregunté:

—¿Cómo chingados puedo ser feliz?.

Pero esa pregunta no tuvo respuesta sino años después.

Un buen día, una muy querida amiga me comentó:

—Estoy tomando unos talleres de sanación que me están cambiando la vida... Deberías venir...

—¿Cuánto cuestan? — le pregunté.

—El primero te sale en $ 250.00— me respondió.

— ¡Cielos! —pensé yo— ¿$ 250.00? ¿De dónde?.

Sin embargo, solo le comenté:

— ¿Sabes qué? Te aviso mañana.

La idea quedó rondándome, y esa noche al irme a dormir, me dije a mí misma:

—Voy a ver cómo junto ese dinero, porque me interesa.

Logré juntar los primeros $ 50.00 para apartar mi cupo; el resto lo tenía que dar el día del inicio del taller, que era en 2 semanas.

Realmente estaba preocupada; mis ingresos en aquél entonces no eran los mejores, y el dinero no me rendía como yo esperaba; aun así, pude reunir el monto y empezar mi Taller Intensivo de Sanación Interior.

El segundo día, la facilitadora nos hizo dos preguntas que todos debíamos contestar:

- ¿Qué esperas haber logrado cuando salgas de este taller?

- ¿Cómo te visualizas?

Cuando llegó mi turno de responder, me paré cagada de miedo frente a un auditorio de casi cincuenta personas, y temblando de pies a cabeza, declaré:

—Me visualizo brillando, iluminando con mi luz la vida de muchas personas.

Yo misma no sabía de dónde me vinieron aquellas palabras; no comprendía el alcance de lo que estaba diciendo y en lo que me estaba metiendo: había dado el primer paso de este maravilloso camino, que no solo me ha permitido profundizar en mi interior y restaurar mi vida, sino que también me ha abierto un inmenso escenario para servir a los demás.

Durante aproximadamente tres años y medio invertí tiempo, dinero, enfoque y energía en mi sanación interior, y entonces me sentí lista para comenzar a prepararme. Quería certificarme profesionalmente para ayudar a otros a sanar.

Yo había declarado en aquel primer taller que mi deseo era ser coach, así que empecé a buscar escuelas de coaching en línea para poder estudiar desde mi casa, pero yo no quería especializarme como Coach de Vida. Mi verdadera inquietud estaba enfocada hacia el Coaching de Salud Emocional.

En el 2016 encontré una escuela, pero al principio tuve miedo, porque la certificación tenía un costo aproximado de $ 6,000.00, y yo no tenía ese dinero.

El día que me llamó el representante del instituto para formalizar mi inscripción, preferí ser sincera:

—*Es que no tengo el dinero*— le expliqué.

—*Lo puedes pagar en cuotas*—me respondió él, pero incluso las mensualidades se me hacían un poco altas en aquel entonces, así que me ofrecieron un plan de pagos aún más flexible, y la posibilidad de una beca que cubría una buena parte del pago total de la matrícula (alrededor de $ 1,500.00).

El único requisito que me exigían era servir durante una cierta cantidad de horas en alguna organización sin fines de lucro. Ese fue el acuerdo, y ambas partes lo cumplimos al pie de la letra; yo ubiqué una organización de asistencia a mujeres que han tenido o están teniendo cáncer, y les colaboraba en sus actividades; de esa manera honré el compromiso adquirido, y pude comenzar a aplicar mis nuevos conocimientos.

En el verano de ese mismo año llegó a mi vida el Reiki; quedé encantada desde la primera sesión, al punto que decidí estudiarlo. La Maestra de Reiki iba a iniciar un curso en unas tres semanas y le pregunté…

— *¿Cómo me puedo inscribir?*

Entonces ella me explicó el proceso. No sé cómo hice para pagar las clases de Reiki, las clases del instituto, y aparte mantener cubiertos los gastos diarios; creo que el secreto estuvo en que no dudé ni por un instante en que eso era lo que yo deseaba, y conecté con la abundancia que el Universo tenía para mí.

Cuando estaba en el curso de Reiki y a través de las sintonizaciones, mis Guías Espirituales me dejaron saber mi propósito de vida: yo estoy aquí, en este plano, en este cuerpo y en esta época, para ayudar a otros a sanar. Para mí fue muy impactante recibir esa revelación, porque apenas me estaba preparando; ¡aún tenía tanto por aprender y por equilibrar en mí misma...!

Me sentía tan pequeña para tan grande propósito, porque ignoraba que contaba con ayuda divina.

Hoy puedo ver que, en realidad, ya tenía la experiencia, pues había sanado muchas cosas en mí misma, y hasta me había convertido en la consejera de mis amistades y compañeros; ellos me platicaban sus problemas cotidianos y yo les daba sugerencias que, al final, les daban muy buenos resultados.

Ese mismo año inicié estudios en Programación Neurolingüística; para finales del 2016 ya había finalizado mis dos primeras certificaciones, y en el 2017 recibí mi tercera certificación. Estaba lista para empezar a trabajar con las personas.

Recuerdo un evento en particular que ocurrió durante mi proceso de sanación. Fui por primera vez donde una manicurista que me habían recomendado; no nos conocíamos hasta ese momento, pero mientras ella hacia su trabajo, como por arte de magia comenzó a platicarme sobre su vida.

Esa muchacha estaba atravesando una situación muy difícil con su pareja, y no se sentía a gusto en su relación, pues toda la responsabilidad del hogar recaía sobre sus hombros.

— *¿Por qué estas aguantando una vida que no es la que quieres?* —le pregunté— *Si en este momento no te sientes feliz, intenta hacer las cosas de otro modo, y te aseguro que verás otros resultados—*

Le di algunas recomendaciones para que pudiera calmar su temor a quedarse sola, pues era lo único que la mantenía atada a un matrimonio sin sentido, y así quedó la plática. Cuando volví a verla, seis meses después, se me acercó con una gran sonrisa:

— *¡Estoy súper feliz!* — me dijo—; *ya me separé; estoy viviendo solamente con mi hijo, y ahora tengo más tiempo para él y para mí. El dinero me alcanza para hacer muchas cosas, y siento que me quité un gran peso de encima*—

Me sorprendió mucho ver que algo tan sencillo como una simple conversación cotidiana pudo generar cambios tan importantes en la vida de alguien. Cuando empecé a atender personas ya como profesional, recordar la historia de esa chica me daba la confianza necesaria para guiar a otros sanar. Sabía que además de mis vivencias y experiencias, la voz de mi Guía Divina se manifestaba en mí, dotándome de sabiduría interior para poder orientar a otros.

Comprendí que no estaba sola, ¿y sabes qué? ¡Tú tampoco lo estás!

Esa sabiduría interior la tienes tú también; lo único que necesitas es recordarla. Para brillar con luz propia solo requieres contar con una guía que te permita recuperar el rumbo en este viaje por la vida.

Se me alegra el corazón cada vez que veo a las personas que transforman su vida a través de mis programas y me siento feliz, porque estoy cumpliendo el propósito que mi alma planeó antes de encarnar.

6.
CREE EN TI

Si tuvieras toda una vida

para hacer lo que te gusta,

¿a qué te dedicarías?

Vero Gutiérrez

Estás en el momento y el lugar perfectos

Uno de los más grandes obstáculos que tuve que enfrentar al iniciar mi preparación profesional, fueron mis creencias limitantes acerca del dinero; se me dificultaba creerme capaz de reunir todos esos miles de dólares en tan poco tiempo, para pagar mis tres certificaciones, y una vez que las obtuve, me costó sentirme merecedora de cobrar muy bien por mi trabajo.

Había invertido responsablemente energía, tiempo, dinero y enfoque en prepararme adecuadamente, así que era justo que cobrara por ello.

Tenía muchas dudas, temores e ideas de limitación y escasez. No me sentía merecedora de abundancia y prosperidad ¡no era para menos! Yo vengo de una familia de origen muy pobre, y no era fácil cambiar mis patrones mentales, de un día para otro.

Hoy por hoy, me siento agradecida por cada obstáculo, cada situación difícil que he vivido; incluso por mis experiencias traumáticas de abuso sexual, pues todas esas vivencias me llevaron a buscar mi propia sanación, trazando la ruta que me permite en este momento, ayudar a otras personas a alcanzar su máximo potencial.

Si yo no hubiese pasado por esas circunstancias, no habría buscado mi sanación interior, no sabría cómo ayudar a otras personas ni hubiese escrito este libro, mucho menos creado talleres, clases, cursos y programas que imparto y transforman la vida de los demás.

Existe el prejuicio de que ser espiritual tiene que ver con un estereotipo; prácticamente hay que convertirse en un gurú: muy serio, muy formal, y si es posible, con una túnica que te cubra hasta los pies.

Cuando comencé a trabajar como coach y sanadora, algunas amistades comenzaron a criticarme: "Ahora no vas a poder usar escotes... Tienes que tener más cuidado con lo que dices en público o en reuniones... Tienes que dejar de contar tus chistes colorados... Tienes que dejar de decir tales palabras..."

A mí me encanta vestirme con mis escotes, y también me gusta usar ciertas expresiones al hablar, porque siento que son necesarias para ilustrar de un modo más adecuado lo que quiero decir.

Esto forma parte de mi personalidad, y si yo me reprimo a mí misma, ¿con qué autoridad moral podría animar a las personas a que sean ellas mismas, a que luchen por hacer realidad sus sueños?

Estoy convencida de que mi forma de ser o mi estilo en el vestir no devalúan los contenidos que comparto, ni ponen en tela de juicio la veracidad de mis ideas, y tuve la bendición de confirmarlo en una sesión en la que yo estaba recibiendo Reiki.

Tuve una visión en la que pude contemplarme a mí misma, llena de tatuajes y vestida como una rockstar, repartiendo comida a una gran multitud de homeless, llena de amor y felicidad.

Cuando desperté de esa sesión, estaba muy conmovida y tenía mis ojos llenos de lágrimas... Había entendido el mensaje que me habían dejado saber mis Guías Espirituales y mi propia alma: *tengo la libertad de ser yo misma en cualquier área de mi vida*; puedo vestirme, expresarme y actuar como yo quiera, pues eso no le quita el valor a lo que transmito.

Parte de mi propósito de alma es venir a romper estructuras, creencias, paradigmas, y eso me ha llevado a superar mis propios límites. Yo creo que los obstáculos y el miedo no desaparecen de nuestra vida; ellos nos van a acompañar hasta que desencarnemos, pero es posible aprender a atravesarlos, y es lo que yo he venido haciendo.

Hoy me siento lista y confiada de que las personas que llegan a mí vienen buscando la ayuda que necesitan, y yo puedo brindárselas.

Muchas veces me han preguntado de qué manera se manifiestan en mi vida cotidiana los principios que comparto en mis libros. Para mí es de suma importancia poner en práctica todo lo que enseño, y precisamente por eso, tengo que ser yo misma, auténtica y coherente; no puedo pregonar algo que yo misma no haya vivido o que no esté dispuesta a hacer.

Constantemente trato de ver qué cosas hay en mí que todavía necesito restaurar, pues considero fundamental continuar sanando; si bien ya he logrado superar muchas cosas, sé que aún me falta un largo camino por recorrer. El día que termine de sanar interiormente, será porque mi alma ya está lista para dejar este plano.

Como todas las personas, a veces sin darme cuenta me veo saturada de actividades y comienzo a sentirme estresada. Cuando en lugar de estar disfrutando me siento presionada o ansiosa, sé que debo hacer un alto en el camino y abrir un espacio para mí.

Empiezo a invertir tiempo en hacer cosas que me ayuden a salirme de mis roles habituales de mamá, esposa, ama de casa y profesional, como tomarme un café con una amiga o darme un rico baño de tina, entre otras cosas; todo esto es parte de lo que me ayuda a mantenerme en mi centro y continuar con mi autoestima elevada. En mi opinión, la autoestima está muy relacionada con las emociones, tanto positivas como negativas, y de cómo nos sentimos.

Una persona que tiene autoestima baja, por lo general experimenta emociones muy densas, mientras que una persona que goce de una sana autoestima, siente emociones igualmente sanas y positivas.

Me gusta observarme constantemente, y aplicar la información que comparto en este libro y en otros medios. Todos los días me tomo unos momentos para mí, y procuro siempre tener un mentor; alguien que me ayude a seguir creciendo. Sigo invirtiendo tiempo, dinero, enfoque y energía en talleres y cursos que me ayudan a continuar con mi evolución y a dar lo mejor de mí, tanto en lo personal como en lo profesional.

Considero importante mantenerme en constante crecimiento, porque mis sueños, anhelos y metas son cada vez más grandes. Por ejemplo, me visualizo en poco tiempo generando más de $ 100,000.00 por mes, creando empleos y prosperidad para muchas personas.

Yo merezco seguirme cultivando, yo merezco invertir tiempo en mí, yo merezco seguir siendo la persona más importante de mi vida.

Muchos pueden ver esto como egoísmo, pero no es más que amor propio e incondicional hacia mí: si yo estoy bien, puedo compartir mi bienestar con las personas que me rodean; si yo no estoy bien, no tengo nada de valor que brindar a los demás.

Dedicarme tiempo para mí y para continuar en mi evolución es lo que me ha permitido recordar y entender muchas cosas que solo mi alma sabe y planeó, pero que olvidé antes de encarnar en este cuerpo humano.

Así fue como descubrí por qué yo nací en México, y por qué de adulta elegí vivir en Estados Unidos. La respuesta es que mi alma deseaba que yo creciera hablando español, porque el mensaje que ella viene a dar está dirigido principalmente a la comunidad de habla hispana, aunque se traduzca también a otros idiomas.

El lugar y la situación que mi alma eligió para nacer en México era de muy bajos recursos; si hubiera permanecido allá no estaría escribiendo este libro, ni tendría los medios y los conocimientos para poder llevarte este mensaje. Vivo en Estados Unidos porque mi alma así lo eligió, pues es un país que nos permite vivir una vida tan placentera, próspera y abundante como cada quien lo desee.

El alma de cada ser humano tiene un plan; sin embargo, la mayoría no es consciente de ello, y como lo ignoran, viven su vida insatisfechos e infelices, dedicados a trabajar en algo que no es lo que su alma eligió cuando decidió encarnar en esos cuerpos.

Es una bendición para mi poder recordar tantas cosas que fueron planeadas en otro plano, antes de mi nacimiento; así fue como descubrí mi profesión, la cual es mi propósito de vida. Al igual que cualquier otro coach, al principio de mi profesión empecé a seguir casi al 100% todas las técnicas que había aprendido en las certificaciones, pero poco tiempo después empecé a dejarme guiar por mi Sabiduría Interior y empecé a crear mis propios métodos.

La magia empezó a ocurrir cuando entendí que hay una fuerza poderosa que actúa a través de mí, dándome la guía y el conocimiento para escribir mis libros, así como para impartir mis terapias, retiros, talleres, clases y cursos. No soy yo, es Dios hablando a través de mí.

No tengo un guion específico para mis programas; solo sé que voy a realizar una determinada actividad, y que toda la información que necesito está alojada en mí. El único guion que sigo está en mi interior; me dejo guiar por la Sabiduría Divina, y así es como surgen lo que yo llamo "milagros en la sanación de las personas".

Al principio no me atrevía a decir lo que percibía, porque pensaba que me iban a considerar una loca; sin embargo, poco a poco me fui llenando de confianza en mis percepciones, pues siempre ponía todo en manos de la Divina Sabiduría; ella obraba a través de mí.

A veces yo sentía (y todavía lo siento) que esa persona estaba pasando por una situación que le ocasionó mucha tristeza, dolor y sufrimiento, y cuando yo se lo decía, ocurría algo mágico: la mayoría comenzaban a llorar, y me decían:

— *¿Cómo lo sabes? Yo no le he dicho a nadie.*

En cada programa, ya sea en grupo o individual, yo trabajo desde el *ser*; mi alma se conecta con el alma de los participantes, y esto me permite obtener mucha más información que la que solo podrían darme verbalmente.

Muchas veces las personas quieren mejorar sus vidas, pero por vergüenza no se atreven a mencionar situaciones difíciles que han atravesado. Algo que he presenciado en mis programas es que cuando una persona empieza a sanar, su cuerpo comienza a reaccionar, y puede incluso percibir algunas sensaciones distintas a lo habitual.

Esto sucede porque hay mucha energía estancada debido a traumas y situaciones difíciles experimentadas durante toda una vida. En el momento en que esa energía se empieza a liberar, puede haber una reacción en el cuerpo físico, porque se expulsa toda la carga esa energética contenida.

7.
BUSCA
TU VERDAD

Pasan los años, los meses, los días
y la vida se escapa de tus manos sin disfrutarla
por estar enfocado en cosas que no te hacen feliz.
Vero Gutiérrez

Crea tu realidad

Crecí escuchando a mi madre decir que el día que me casara yo tendría que hacer "lo que mi señor dijera". Gracias a Dios, no me casé recién ida del rancho, pues no estaría hoy escribiendo este libro, ni mucho menos sería la mujer que soy ahora.

Tal vez sería una ama de casa dedicada a su familia, con un trabajo convencional, y no estaría mal, pero eso no llenaría mis expectativas y me estaría sintiendo muy mal conmigo misma, por no haber cumplido mis metas y mis sueños.

Cuando yo era niña vivíamos en un rancho, pero a veces bajábamos al pueblo y podíamos ver televisión. A mí me encantaba contemplar en las películas las casas de los ricos: siempre había un ejecutivo o un abogado que tenía su maletín, un coche con chofer, jardinero en la casa y un montón de sirvientes.

Fue así como a tan corta edad decidí ser abogada cuando fuera mayor; aunque no entendía muy bien lo que eso significaba, ni tampoco imaginaba cuánto podían costar tales estudios, sabía que quería tener una vida diferente algún día, y que para lograrlo tenía que ir a la universidad.

El guion de mi película estaba claramente delineado en mis fantasías; sin embargo, mi sueño duró poco; cuando estaba empezando el tercer grado de primaria, mi papá me dijo:

—Ya no vas a ir a la escuela... ¿Para qué necesitas estudiar? Si la mujer es para que se case, tenga hijos y atienda a su marido... Tú no necesitas estudiar.

Me dolió hasta el alma ver mis deseos truncados, pero ¿qué podía hacer una niña indefensa ante la decisión de un padre prepotente, cuya opinión era la ley?

Seguramente todos tenemos algún recuerdo de nuestra infancia que refleja las confrontaciones entre nuestra necesidad de identidad y los mecanismos de control a los que estábamos sometidos; sin embargo, cuando crecemos y nos revelamos, sin darnos cuenta nos convertimos en nuestros propios verdugos.

En el fondo, la visión del mundo que nos transmiten nuestros mayores termina infiltrándose en las profundidades de nuestro subconsciente, y aunque a veces creemos habernos revelado contra ella, en algún momento nos hará resbalar.

Lo que deseo recalcar es que la mayoría de las personas van por la vida como veletas emocionales, desplazándose según los parámetros dictados por los demás, bien sea la familia, los maestros, la pareja o la sociedad.

Un aspecto "subversivo" del desarrollo espiritual radica en el hecho de que, una vez encendida la luz de tu Consciencia Divina, no volverás a ser presa fácil de ninguna imposición que no responda a tus convicciones más profundas; es por esto que las iniciativas relacionadas con la espiritualidad muchas veces se tergiversan, se satanizan o se ignoran.

Desde las filosofías orientales hasta la física cuántica, la "realidad" es definida como una proyección de nuestra mente. Todo parte de una decisión: el mundo que vemos a nuestro alrededor existe primeramente dentro de cada uno de nosotros, y en esto radica la importancia de dedicar parte de nuestra vida y nuestros esfuerzos a cultivar nuestro universo interior.

Cuando nos iniciamos en el camino del espíritu, nuestros sentidos más sublimes se abren, e inmediatamente cambia nuestra percepción de la supuesta realidad; no se trata, por ejemplo, de que practicar la Meditación te vaya a despojar de tus reflejos humanos de reactividad emocional, sino que al meditar se activa la percepción de tu Inteligencia Divina, y logras ver los eventos cotidianos como ilusiones sin trascendencia, tal y como realmente son.

La razón por la cual todos reaccionamos de forma distinta ante los mismos acontecimientos es porque todos percibimos la vida desde un punto de vista distinto generado por nuestra mente humana, cargada de sus propios condicionamientos, temores y prejuicios.

Esto quiere decir que los fenómenos del entorno no son "buenos" ni "malos" en sí mismos, sino que somos nosotros, desde la configuración de nuestra consciencia, quienes les asignamos esos adjetivos.

Comprender este principio fue determinante en el proceso de sanar mi relación con mis padres; tener una percepción objetiva de los hechos que me generaron tanto dolor solo fue posible para mí el día que decidí neutralizarlos, verlos como simples sucesos, sin una intención deliberada de dañarme. Entonces comprendí que no solo mis padres, sino todos los seres humanos, reaccionamos al diálogo interno que mantenemos con nuestra mente imperfecta y condicionada.

Esto ocurre desde que tenemos uso de razón, y es por ello que resulta fundamental ejercitarnos en silenciar ese diálogo para poder "escuchar" a nuestro Ser Superior, cuyas formas de manifestarse son muchas y muy diversas.

Nuestros pensamientos, sentimientos y emociones se pueden convertir en instrumentos para la manifestación de esa Inteligencia Superior, pero para ello necesitamos estar vibrando en la frecuencia adecuada.

Cuidar y gerenciar la salud de tu cuerpo, mente y espíritu es la forma más inteligente y responsable de contribuir con el despertar universal, ya que, por resonancia, un alma equilibrada irradiará equilibrio a su alrededor.

Nadie puede dar lo que no tiene: si cultivas tus virtudes y las compartes con otros, eso será lo que manifiestes en tu vida.

Todo en el universo está vinculado por lazos energéticos; todo lo que pensamos, hacemos y sentimos influye en la vida que materializamos; si quieres cambiar tu realidad, debes cambiar primero tus esquemas mentales.

Nuestra existencia humana está conformada como una unidad integrada por nuestro cuerpo físico, nuestra mente y nuestro espíritu; por lo tanto, el concepto de salud debe abarcar igualmente nuestro bienestar físico, mental y espiritual.

Estar sano es mucho más que no sentirse enfermo. Del mismo modo que todo lo que ingerimos puede nutrir o intoxicar nuestro organismo, nuestro interior puede verse afectado por la forma como nos relacionamos con nuestro entorno; no sólo la comida chatarra, las drogas y el alcohol son nocivos para tu salud, sino también los chismes, el fatalismo, la envidia, la negatividad.

Una sana espiritualidad se identifica con la coherencia: no basta con llevar una "sana alimentación" si no mantienes esa misma sanidad en tu trabajo, en tus finanzas, en tus relaciones y en todos los ámbitos de tu vida.

He visto a personas que se hacen llamar líderes religiosos -que supuestamente profesan una alta moralidad y juzgan a quienes no viven según las normas de su iglesia- terminar envueltos en escándalos por infidelidad, poniéndoles el cuerno a sus esposas en la propia iglesia; otros pretenden manipular a Dios pensando que encender una barrita de incienso arreglará automáticamente todos los conflictos que ellos mismos se han encargado de crear y nutrir.

La tan deseada paz espiritual no llega a domicilio; se trata de un laborioso proceso de creación personal, que sólo es posible cuando se tiene la consciencia de que es el único fin de nuestra experiencia como humanos.

Todos los seres evolucionados espiritualmente a quienes tanto admiramos, no son en nada diferentes a nosotros; de hecho, tienen los mismos deseos, temores e imperfecciones que cualquiera. La diferencia está en el grado de consciencia que se han propuesto desarrollar para controlar las tendencias más básicas de su condición humana, y de esa manera ascender hacia las esferas más elevadas de realización.

Esto se traduce en disciplina, paciencia, perseverancia y humildad para cultivar las prácticas que les permitan controlar su mente y adentrarse en la Inteligencia Divina.

El balance interior requiere de una constante *auto-observación*, porque la existencia en este plano físico equivale a caminar sobre la cuerda floja: el más mínimo descuido puede lanzarte al vacío.

Resulta abrumador pensar en este nivel de las cosas, mientras lidiamos con los retos de la subsistencia cotidiana, pero precisamente, de eso se trata: debemos vivir en la plenitud para la que hemos sido destinados, y no solo sobrevivir.

Evolucionar espiritualmente no quiere decir que vas a dejar de experimentar ideas, sentimientos o emociones humanas; al menos mientras continuemos en este plano terrenal, nadie está exento de esa realidad; sin embargo, en la medida que cambia nuestro nivel de consciencia, cambia también la realidad que proyectamos, y el mundo comienza a verse diferente.

Pongo por ejemplo el caso de mi matrimonio: constantemente escucho a las personas quejarse de sus relaciones de pareja, y no solo en mis programas, sino en la calle, en el supermercado, en el cine, en el banco…

La idea generalizada es que los matrimonios van empeorando con el paso del tiempo; sin embargo, mi realidad me dice todo lo contrario: con el paso de los años, la relación con mi esposo ha ido evolucionando.

Hemos aprendido a valorarnos y a respetarnos a un nivel más profundo, dándonos el espacio que cada uno necesita y merece para crecer. Aprendí que yo soy libre de elegir lo que quiero vivir, lo que quiero hacer, y mi esposo también; ni él es mi dueño, ni yo soy su dueña. Simplemente somos dos almas, dos seres humanos que elegimos compartir nuestras vidas y que hoy estamos juntos, pero si en el futuro uno de los dos decide que ya no quiere estar en la relación, ¡está bien!

Hemos hecho el compromiso de aceptar cada uno la decisión del otro, más allá del contrato del matrimonio, porque en realidad es eso: un contrato de por vida que firmamos casi a ciegas, porque no respeta el libre albedrío ni la libertad individual; incluso hay países en los que es casi imposible divorciarse. Yo me pregunto: ¿por qué alguien más tiene que elegir por nosotros?

Algo que no me canso de repetir a las personas que asisten a mis programas para tratar sus problemas de pareja es que *nacimos solos*, y el día que nos vayamos de este mundo, lo más probable es que nos vamos a ir solos, ya que son muy pocos los casos de parejas que fallecen juntos.

La mayoría de las mujeres que me consultan repiten más o menos la misma cantaleta: "Es que mi esposo no me deja hacer esto… No me deja hacer aquello…" Se nos olvida que cada quien es libre de elegir; aunque estemos casados, somos individuos independientes.

Si mi esposo un día quiera ir a una fiesta y yo no, él tiene derecho de ir y yo tengo derecho de quedarme en casa. Ni yo tengo que obligarlo a que no vaya, ni él tiene que chantajearme diciendo que no va si yo no voy. Eso se llama respeto, y es la base del amor.

Uno de los grandes problemas que tenemos en la actualidad es que la mayoría de los matrimonios hacen justamente lo contrario: se atropellan el uno al otro, invadiéndose mutuamente el espacio vital de cada uno, como si en una autopista los carros que van rumbo al norte se metieran en el carril que va al sur y viceversa.

Algo similar ocurre en el matrimonio cuando no aprendemos a avanzar en paralelo, es decir, yo en mi carril y mi pareja en el suyo, *juntos y libres al mismo tiempo*.

Estoy consciente de que esto implica un nivel de seguridad que no se logra fácilmente, porque vivimos rodeados de matrices de opinión que nos incitan justamente a lo contrario: a controlar, a desconfiar, a competir, a someter... Esa es la mentalidad que ha controlado durante siglos a la humanidad, y que ya está llegando a su fin, dando paso a la Era del Amor. El despertar espiritual que se está gestando a nivel personal tiene consecuencias universales, porque al cambiar nosotros, instantáneamente cambia nuestro entorno.

Todos los eventos naturales y culturales que están sacudiendo al mundo en la actualidad, son una purga, una sacudida energética para liberar al planeta y a la humanidad de esa enorme carga de convicciones erróneas que nos han conducido a un aparente callejón sin salida.

Digo "aparente", porque nada ni nadie detiene la energía en constante evolución; las estructuras se están reinventando sobre la marcha; el *fin del mundo* se convierte en realidad en el *fin de Un mundo* y el inmediato surgimiento de otro; la dinámica del desarrollo espiritual te permite cambiar de realidad sin moverte de donde estás, tan solo con reajustar las coordenadas de tu consciencia.

El despertar espiritual es más una actitud que una meta; implica desaprender muchas de las "verdades" y condicionamientos que hasta hace poco habían establecido las bases de la civilización, dando cabida a la aceptación serena de todo aquello que no podemos cambiar.

8.
LIBERA
EL ESTRÉS
EN 3 PASOS

Da rienda suelta a tu imaginación y a la creación de tu nueva realidad... Una que ames de verdad.

Vero Gutiérrez

En mayor o menor medida, todos experimentamos estrés en nuestro día a día.

Existe un nivel normal de estrés que forma parte de nuestros mecanismos de supervivencia, pues nos permite estar atentos y reaccionar oportunamente ante peligros o amenazas del entorno.

El problema surge cuando la tensión se prolonga en el tiempo, ya que las respuestas bioquímicas de nuestro organismo ante una alerta de estrés estimulan la producción de sustancias que, a la larga, nos intoxican. No solo nuestra salud física se va a ver afectada por el estrés, sino también otras áreas de nuestra vida.

Una de las principales causas de estrés en la actualidad, es que nos sobrecargamos de responsabilidades: asumimos más de lo que podemos manejar, y en ocasiones, nos cargamos con compromisos que ni siquiera nos pertenecen.

Eso nos roba nuestra paz, pues nos desconecta de nosotros mismos, de lo que realmente somos, y nos roba el tiempo que podríamos dedicar a las actividades que nos hacen felices y nutren nuestra alma.

A continuación, te muestro tres sencillos y poderosos pasos que te ayudarán a liberar estrés; te recomiendo que te tomes el tiempo para hacerlos con entrega y dedicación, para que te beneficies de sus efectos positivos.

Paso 1. Suelta responsabilidades

- Haz una lista de todas las tareas que recaen sobre ti, y luego revísala objetivamente; estoy segura de que encontrarás muchas cosas que deberían ser asumidas por otras personas; tal vez tus hijos, tu pareja, vecinos, amigos o familiares.

- Muchas veces nos hacemos cargo de responsabilidades que no nos corresponden; en ocasiones las asumimos con la intención de cooperar, pero casi siempre esto obedece a nuestra *codependencia*, es decir, nuestra necesidad de ganar aceptación, reconocimiento y afecto. Por las razones que sea, cargar más de lo que debes te genera estrés, produciendo además molestias y dolores en el área del cuello, hombros y espalda.

- Una vez que te hayas dado cuenta de cuáles son tus responsabilidades y cuales pertenecen a alguien más, requieres empezar a soltar las que no son tuyas. Para comenzar, hablarás con aquellas personas a quienes les pertenecen esas responsabilidades que te cargaste, y se las vas a devolver.

- Por supuesto, esto no va a ser sencillo; tú los acostumbraste a resolverles sus problemas, y ahora que los dejas a cargo de sus vidas, se van a resistir. Quizás no les agrade, y seguramente surgirán asperezas entre ustedes; ten en cuenta que hasta cierto punto es normal, pero recuerda que estás haciendo lo correcto, y tarde o temprano te lo agradecerán.

Cuando te haces responsable de actividades o tareas que pertenecen a alguien más, pareciera que los estás ayudando, pero en realidad los estás volviendo incapaces de hacerse cargo de sus asuntos, y a la larga, eso los convierte en unos inútiles.

Permitir que cada uno se haga cargo de sus cosas es un acto de amor, pues les estás permitiendo crecer, hacerse autosuficientes, y eso es maravilloso. Cuando cada quien se hace cargo de su vida, se generan relaciones armoniosas.

Paso 2. Dedica tiempo para ti

Desde el momento en que nacemos, nada se interpone entre el mundo que nos rodea y nuestra capacidad de disfrutarlo: cada paso que damos, el vuelo de una mariposa, la belleza de una flor, la sonrisa de alguien más, los rayos del sol, la lluvia que cae y nos moja, brincar en los charcos de lodo sin preocuparnos porque se nos ensucien los zapatos…

¡Todo es motivo de celebración en los primeros años de nuestra vida! Entonces, ¿en qué momento los seres humanos perdemos la capacidad de apreciar esas cosas que nos llenaban de felicidad?

A medida que crecemos, vamos aprendiendo de los adultos a llenarnos de responsabilidades; el rostro, antes sonriente, ahora muestra amargura y estrés, y así nos vemos cuando llegamos a la adolescencia y la adultez.

Para volver a reconectar con tu capacidad de disfrutar, es necesario que dediques un tiempo solo para ti, para hacer cualquier cosa que te genere tanta felicidad como cuando eras niño.

Puede ser una vez a la semana, o al menos cada quince días; *dedícate por lo menos un par de horas contigo*. Seguramente ya tienes una familia, trabajas o eres dueño de negocios; tal vez estudias y tienes un montón de responsabilidades…

Lo más probable es que te hayas olvidado de ti, dejando de lado aquellas cosas que te hacían ser tú mismo, y que parecían pequeñas, pero que para ti eran grandiosas, pues te llenaban el alma de alegría.

Me refiero a tus pasatiempos, como salir a tomar un café con amigos, ir a patear un balón en el campo de fútbol, dar un paseo por la playa o por la montaña, visitar el bosque o armar tu rompecabezas favorito.

¿Desde cuándo no te das un tiempo para retomarlas y revivir eso tan bonito que sentías antes de cargarte con tantas responsabilidades en tu vida?

Aquí sólo te doy algunas ideas; lo que quiero es recordarte que regreses a esos rincones de tu alma, haciendo eso que te gusta hacer por puro placer. Practicar este hábito con frecuencia te ayudará a liberarte del estrés.

Paso 3. Consume bebidas relajantes

Las plantas nos ofrecen un amplio universo de alternativas para sentirnos bien y liberar estrés, sin los efectos colaterales que nos generan los fármacos.

A continuación, te comparto algunos maravillosos usos de tés o infusiones naturales que favorecen la relajación:

- Infusión de Valeriana.
- Te de Manzanilla.
- Te de Pasiflora.
- Te de 7 Azahares.
- Tilo.
- Te de Menta

Puedes combinar hasta 3 tipos de té en 12 onzas de agua caliente; déjalos reposar durante 20 minutos, y luego que enfríen, llevas la mezcla a una jarra. Le agregas 2 litros de agua, un poco de hielo y jugo de limón. Puedes endulzar con Stevia o Miel.

Si usas té de bolsita, puedes colocar este envoltorio en la jarra del agua que consumes durante el día.

Las bebidas con alto contenido de cafeína incrementan tus niveles de estrés; en cambio, si tomas bebidas relajantes dos o tres veces al día, sentirás un notable cambio en tu estado de ánimo, disminuyendo el estrés y disfrutando de un mejor descanso durante las horas de sueño.

9.
HÁBITOS PARA LIBERAR LA ANSIEDAD

La vida es mágica cuando ves su belleza
y te maravillas como niño de todo cuanto te rodea

Vero Gutiérrez

¿Imaginas cómo sería tu vida si fueras el jefe de tus emociones? Se acabarían esos días en los que te levantas con el pie izquierdo, en los que te irritas fácilmente y pareciera que todo el mundo está en tu contra.

Todos tenemos días así de vez en cuando; lo que no es normal es que suceda con demasiada frecuencia, porque esto reflejaría una acumulación de emociones reprimidas.

Lo peor no es que vayas por la calle contagiando de tu desánimo al resto del mundo, sino que esas emociones le hacen daño a tu cuerpo, causando un impacto negativo en tu bienestar.

Junto con el estrés, la ansiedad es otro de los mayores problemas que afectan al ser humano en la actualidad; de hecho, están muy relacionados.

La persona que sufre de ansiedad está constantemente a la expectativa de que suceda algo desagradable, de manera que sufre por anticipado y sin descanso.

Un individuo con ansiedad puede llegar a experimentar síntomas físicos de reacción ante amenazas inexistentes.

La ansiedad ha ido aumentando en nuestra sociedad, al punto de llegar a considerarse algo normal.

Es común que una persona se sienta ansiosa de vez en cuando por asuntos cotidianos, pero cuando se prolonga durante un largo tiempo, hay que prestarle atención para liberarla.

Aquí te comparto 3 Hábitos que te permitirán lograr exteriorizar la ansiedad.

¿Estás listo para empezar?

¡Comencemos!

Hábito 1. *Enfoca tu atención aquí y ahora*

Según un cuento de la tradición Zen, un joven se presentó ante su Maestro y le preguntó:

—*¿Qué es lo que haces en tu vida cotidiana para alcanzar la sabiduría?*

El Maestro le respondió:

—*Cuando como, como... y cuando duermo, duermo.*

—*No lo entiendo* —dijo el joven— *¿Acaso no es eso lo que hace todo el mundo?*

—*Pues no* —respondió el Maestro— *Cuando la mayoría de las personas comen, su mente está en otro lado, pensando en otras cosas, y cuando duermen, sueñan con los problemas que tuvieron durante el día. Por eso, el Zen me ha enseñado que al comer, debo comer, y al dormir, debo dormir.*

Esta historia ilustra la importancia de **vivir en el presente**, procurando que el cuerpo y la mente estén juntos en el mismo momento y lugar.

Esto es lo que se conoce como "atención plena", y consiste en atender lo que experimentamos en este momento, sin emitir juicio alguno y sin permitir que tu mente divague por otras partes mientras tu cuerpo se encuentra en un lugar muy distinto.

Cuando te enfocas en el presente, tienes la oportunidad de vivir el *aquí* y el *ahora*, así como sus infinitas posibilidades. El problema de la mayoría de las personas es que se pierden de esos instantes mágicos, porque en lugar de estar en el presente, están mentalmente reviviendo (recordando) el pasado.

Al activar pensamientos del pasado en el presente, es como si los estuvieras viviendo de nuevo, porque para la mente todo es *ahora*; estar enfocados en el pasado y en las situaciones complicadas que hemos vivido nos genera ansiedad.

Un ejercicio que me gusta realizar consiste en traer mi mente al momento presente:

- Me detengo un instante, hago unas respiraciones profundas, tomo consciencia de los ruidos, sensaciones, sabores y olores que me rodean.
- Respiro profundamente varias veces, inhalo y exhalo por la nariz; esto me mantiene enfocada en el ahora.

- En cualquier momento y lugar puedes enfocarte en el ahora. Realiza este ejercicio cada vez que te descubras pensando en cosas que te generan ansiedad.

Al enfocarte en el aquí y el ahora, automáticamente te desconectas del pasado y de la ansiedad que eso genera.

Hábito 2. Regálate tiempo para ti

Al menos una vez por semana, date el permiso de relajarte con un rico baño de tina con agua tibia. Agrégale al agua unas 8 onzas de sal de mar o del Himalaya; pon música relajante, enciende una vela con tu aroma preferido y quédate dentro del agua al menos 30 minutos.

Toma consciencia de tu cuerpo: acarícialo, aprecia su belleza, acéptalo tal y como es, sin juicios ni críticas. Ámate y conéctate contigo mismo, y observa cómo te sientes.

Cuando dedicas tiempo para ti, comienzas a conocerte mejor; te reconectas con tu Ser y se incrementa tu nivel de felicidad, permitiéndote experimentar todo aquello que buscas afuera y que siempre ha estado en ti.

Hábito 3: Libera la ansiedad.

Este sencillo pero poderoso ejercicio te ayudará a liberar la ansiedad:

- Siéntate a solas, en silencio y sin interrupciones.
- Cierra los ojos y observa la ansiedad que estás sintiendo, sin juicios ni críticas; simplemente obsérvala.
- Repite mentalmente este mantra:
  - *Aquí y Ahora me doy el permiso para liberar la ansiedad.*
  - *La libero, la libero, la libero*
- Deja fluir con libertad cualquier sensación que puedas experimentar en tu cuerpo: llora si quieres llorar o grita si quieres hacerlo.
- Permanece ahí hasta que sientas que la emoción se disipa, pierde fuerza y desaparece.

Es indispensable que tengas paciencia contigo mismo y te permitas drenar las veces que sea necesario; recuerda que eso que estás experimentando es el resultado de años en los que has estado acumulando ansiedad, y es probable que tengas que repetir el procedimiento más de una vez.

Liberar la ansiedad te aporta muchos beneficios: experimentas paz, tranquilidad, descansas mejor durante las horas de sueño, elevas tu productividad, tu capacidad para concentrarte, y tu estado de ánimo mejora.

10.
Guía Básica Para Aprender A Meditar

Dejar de culpar a los demás por tus desgracias y tus éxitos, es tomar la responsabilidad de ser el único creador de tu vida. Entonces surge la transformación que tanto anhelas.

Vero Gutiérrez

La Meditación es el instrumento ideal para aquietar tu mente y escuchar el silencio que habita en tu interior.

Antes de que sigas leyendo, te pido que abras tu mente y tu corazón...

Esta información te permitirá acceder hasta lo profundo de tu Ser, donde se encuentra tu verdadero poder, tu esencia divina. Estando en calma podrás conectar, sentir y vivir la belleza de tu existir.

Quiero compartir contigo lo que en mi opinión significa la Meditación:

Meditar es como regresar a casa, a ese lugar Divino del que venimos, pero que todos olvidamos al reencarnar en nuestro cuerpo físico, porque así lo planeamos.

En ese olvidar quiénes somos y de dónde venimos, se nos escapan nuestra paz y armonía.

Cuando meditamos, no sólo reconectamos con esa paz y armonía que existe en el hermoso Lugar Divino del cual venimos, sino que también podemos recordar nuestra misión de vida, en otras palabras, quiénes somos y lo que vinimos a hacer en esta experiencia humana.

Muchas personas experimentan angustia al comenzar a meditar, porque al cerrar los ojos ya quieren dejar de observar sus pensamientos, sentimientos y emociones, y al principio esto no es así: cuando se empieza a meditar, hay una tormenta de ruido mental que se desata justamente al cerrar los ojos.

Por eso, deseo explicarte el proceso de la Meditación desde una perspectiva distinta a la que podrás encontrar en otros libros o materiales, la cual se resume en: "Siéntate, cierra tus ojos y aquieta tu mente" o "Pon tu mente en blanco".

Cuando yo comencé a meditar, me preguntaba: ¿Cómo dejo de sentir preocupación por todas las cosas que tengo que hacer y lo que tengo que pagar, si no tengo el dinero suficiente?

¡Todo esto me venía a la mente cuando intentaba meditar!

Me costó mucho tiempo comprender y aceptar que no podía sólo sentarme y pretender ignorar toda esa avalancha de pensamientos, sentimientos y emociones; por el contrario, mientras más me esforzaba en controlarlos, parecía que les decía que los quería escuchar más, y en ese pleito constante se me pasaron los primeros meses.

Finalmente, decidí dejar de seguir las instrucciones que había aprendido sobre la Meditación, y me dediqué a sentarme a meditar, aceptándome en mi totalidad, tal y como era en ese momento, con mis pensamientos y preocupaciones, con mis sentimientos y emociones, aunque no fueran los mejores.

Esto es lo que yo llamo **Meditación Consciente**, un tipo de meditación del que te hablé en capítulos anteriores.

Con esta meditación te haces consciente de lo que piensas y sientes, pues lo aceptas sin resistencia; mientras estés peleando constantemente con ello, no desaparecerá.

Cuando comencé a practicar este tipo de meditación acepté que toda esa tormenta mental formaba parte de mí, y que yo era parte de ella; fue cuando pude por fin adentrarme en el silencio, en la quietud.

Así podía trascurrir una hora o más, y a mí me parecía que solo había meditado 5 minutos; en esa dimensión atemporal yo era solo paz, amor y luz, porque eso es lo que somos en esencia, y tú lo eres también.

¿Cómo meditar?

La práctica de la Meditación genera innumerables beneficios a tu vida, y es más sencilla de lo que imaginas.

Hay un sinnúmero de formas de meditar, pero una de las más efectivas es la Meditación Consciente.

Te explico a continuación:

- Siéntate en el suelo, en una manta o un Mat de Yoga, y asegúrate de que tus caderas, es decir, tus pompas, estén bien pegadas a la pared, de manera que mantengas tu espalda lo más recta posible.

- Si puedes, cruza las piernas en posición de Loto, pero si tu cuerpo no está acostumbrado a esa postura, no te obligues, pues podrías lastimarte; en ese caso, adopta la posición que te resulte más cómoda. A medida que avanzas en esta práctica, te sorprenderá ver que tu cuerpo se va haciendo más flexible, y podrás adoptar la posición de Loto cómodamente.

- Una vez sentado, coloca las manos sobre tus piernas con las palmas hacia abajo, o las manos juntas con las palmas hacia arriba, a la altura del vientre.

- Cierra los ojos.

- Inhala profunda y lentamente, contando hasta 4, y al exhalar, cuenta hasta 6. Esto lo harás los primeros días, mientras te acostumbras a respirar de la forma recomendada; luego dejarás de contar y enfocarás tu atención solo en tu interior, en el sonido de tu respiración que ya tendrá ese ritmo.

- Observa tus pensamientos, emociones y sentimientos. Por favor, ¡no los bloquees! Más bien, acéptalos cuando vengan a ti. Cuando quieras reír, ríe, y si llegaras a sentir ganas de llorar, no te reprimas ni te juzgues; simplemente llora. Sea cual sea la emoción que sientes, déjala ser y fluye con ella. A lo largo de tu vida te has reprimido tantas veces, te has juzgado tanto por sentir, que todas tus emociones se han quedado encerradas dentro de ti; por eso es importante que las abraces con tu luz, con tu amor, porque ellas son parte de ti: tú las creaste, consciente o inconscientemente, y al aceptarlas te estás aceptando a ti mismo.

- Al terminar tu Meditación, abre los ojos lentamente; empieza a mover tus pies, tus manos, tu cabeza; regresa al *aquí* y el *ahora*.

Durante la Meditación...

Puedes sentir rabia, ganas de llorar, de reír, de gritar, o cualquier otra emoción.

También es posible que sientas mareos, que veas colores, puedes sentir que flotas y entras en un estado meditativo profundo. Simplemente acéptalo; no lo quieras reprimir, no te asustes.

Todas esas emociones, sentimientos y preocupaciones reprimidas han estado por mucho tiempo en tu interior; algunas no fueron expresadas en tu niñez o adolescencia, y otras en la etapa adulta.

Mientras no las liberes, seguirán en tu interior, impidiéndote aquietar tu mente, o haciendo que se pierda rápidamente la sensación de paz o plenitud que se adquirió con la Meditación.

Después de la Meditación...

Puedes sentir tu cuerpo muy ligero o estar un poco mareado. Mantenerte hidratado es muy importante, especialmente cuando incorporas a tu vida nuevos hábitos que implican un cambio en tus estructuras mentales y emocionales.

Beneficios de la Meditación Consciente

Si bien, los aportes que ofrece la Meditación son innumerables, voy a mencionar solo algunos de los beneficios que brinda esta práctica fascinante:

- Relaja el cuerpo y la mente
- Ayuda a la inspiración y creatividad
- Refuerza el sistema inmunológico
- Libera estrés y ansiedad
- Contrarresta el insomnio y te permite alcanzar un descanso más profundo durante las horas de sueño
- Te brinda mayor claridad y enfoque
- Te ayuda a superar la depresión
- Incrementa tu felicidad
- Te llena de armonía, amor y gratitud hacia todo lo que te rodea
- Meditar te reconecta con tu Ser.

Recomendaciones para Meditar

Si te estás iniciando en la práctica de la Meditación, te recomiendo que comiences en sesiones de 5 a 10 minutos por día, 4 días a la semana. Si deseas hacerlo durante los 7 días de la semana, ¡maravilloso!

Luego de un par de semanas, podrás meditar entre 15 y 30 minutos continuos por día, y de ahí en adelante, puedes incrementar el tiempo de tu Meditación si lo deseas.

Meditar es algo que se puede hacer a cualquier hora y en cualquier lugar; sin embargo, hay algunas recomendaciones que te ayudarán a que sea más efectiva:

- Si la practicas en las mañanas, pocos minutos después de haber despertado, será más efectiva, porque tu ego aún no se ha despertado del todo, y esto te permitirá adentrarte más rápido en tu interior.

- Otro de los horarios recomendados es cuando te vas a dormir; procura que sea una de las últimas cosas que haces antes de irte a la cama; esto te permitirá dormir más rápido y profundo.

- Si meditas siempre en el mismo lugar y en el mismo horario, tu práctica se verá favorecida por el hábito.
- Asegúrate de apagar o silenciar tu teléfono. Si sólo dispones de unos pocos minutos para tu práctica de Meditación, activa el temporizador para que puedas concentrarte al máximo.
- La Meditación consciente es silenciosa; es decir: evita recurrir al uso de estímulos acústicos, como mantras o música relajante, pues solo te van a distraer del propósito de esta modalidad de Meditación.
- Procura no comer nada, al menos 2 horas antes de iniciar tu práctica meditativa; esto te permitirá enfocar toda tu energía en la Meditación. Si meditas y acabas de comer, tu mente y la energía de tu cuerpo van a estar enfocadas en el proceso de digestión, lo cual dificultará que puedas profundizar en tu interior.
- A medida que te adentras en la Meditación y haces de ella un hábito, puede que llegue el momento en el que sientas ganas de dejar de meditar por un día, dos o incluso por una semana. Hay quienes te dirán que no

debes hacerlo, pero yo te digo que está bien darle un descanso a la mente y el cuerpo, incluso de los hábitos buenos. Solo toma en cuenta que esto no ocurra muy a menudo, y después del descanso, retoma tu práctica.

Estoy segura de que una vez inicies y comiences a experimentar los beneficios de la Meditación, ya no querrás dejar de practicarla.

Cada quien encuentra una forma única de meditar; lo más importante es que empieces y vayas descubriendo tu propia manera de hacerlo, porque esa será la más efectiva para ti.

Sigue practicando; poco a poco irás descubriendo cómo adaptarte a la Meditación y la Meditación a ti, haciéndose uno solo… ¡Esa es la fórmula mágica!

Ahí te conocerás; recordarás quien eres en verdad, más allá de tu cuerpo físico, de tus pensamientos, de la tormenta de emociones y sentimientos que constantemente inunda tu mente humana.

Despedida

Nunca hagas lo que no te hace feliz hacer, eso amarga tu vida.

Vero Gutiérrez

Alma Divina:

Quiero felicitarte por leer este libro. Deseo de corazón que estés aplicando los conocimientos que aquí te comparto. Recuerda que todo lo que anhelas está en ti; sólo tienes que descubrir las rutas que conducen a tu interior, donde se aloja tu Sabiduría Divina.

Tú eres Amor, tú eres Luz,
Tú eres Dios encarnado en un cuerpo humano,
Tú eres Creador y al mismo tiempo Lo Creado.

¡Reconecta con la Divina Inteligencia
que yace en tu interior!
¡Es tiempo de despertar y recordar que eres poderoso,
invencible, eres vida, luz y amor!

¡Eres la forma más hermosa de existencia que pueda haber existido, que existe y siempre existirá! Recuerda, Alma Divina, que no tienes principio ni final, y que estás en constante evolución.

Esta es la gran verdad que yace en tu interior, y tu Alma y la mía lo saben: la mía te lo está recordando, y la tuya está despertando con esta verdad.

Al igual que tú, yo estaba dormida, ¡pero desperté!

Recordé quién soy, comencé a amarme, conecté con mi Poder Interior, con mi Divinidad, y así surgió la transformación de mi vida.

Te he llevado de la mano en este viaje para que recuerdes que eres un Ser Divino encarnado en un cuerpo pequeño.

¡Eres un milagro fascinante!

No es casualidad que este libro haya llegado a tus manos; fue la guía de tu Alma la que te trajo hasta aquí…

¡Gracias por escucharla y seguirla!

Te bendigo con amor,
deseando que tu vida sea mejor cada día.

www.ingramcontent.com/pod-product-compliance
Lightning Source LLC
LaVergne TN
LVHW041629070426
835507LV00008B/524